DE LA

RESPONSABILITÉ DES ADMINISTRATEURS
DE SOCIÉTÉS ANONYMES

THÈSE POUR LE DOCTORAT
(Sciences juridiques)

SOUTENUE DEVANT LA FACULTÉ DE DROIT DE L'UNIVERSITÉ DE DIJON

Le 29 Juillet 1899, à 3 heures du soir

PAR

Louis FOURNIER
Avocat

Sous la présidence de M. BAILLY, *doyen.*

Suffragants { MM. BONNEVILLE, *professeur.*
DESSERTEAUX, *professeur.*

DIJON
IMPRIMERIE BARBIER-MARILIER
40, RUE DES FORGES, 40

1899

DE LA

RESPONSABILITÉ DES ADMINISTRATEURS

DES SOCIÉTÉS ANONYMES

UNIVERSITÉ DE DIJON — FACULTÉ DE DROIT

DE LA
RESPONSABILITÉ DES ADMINISTRATEURS
DES SOCIÉTÉS ANONYMES

THÈSE POUR LE DOCTORAT
(Sciences juridiques)

SOUTENUE DEVANT LA FACULTÉ DE DROIT DE L'UNIVERSITÉ DE DIJON

Le 29 Juillet 1899, à 3 heures du soir

PAR

Louis FOURNIER

Avocat

Sous la présidence de M. BAILLY, *doyen.*

Suffragants { MM. BONNEVILLE, *professeur.*
DESSERTEAUX, *professeur.*

DIJON

IMPRIMERIE BARBIER-MARILIER

40, RUE DES FORGES, 40

—

1899

A MON PÈRE

INTRODUCTION

Fonctionnement de l'administration de la Société anonyme. — Le Conseil d'administration. — Le Directeur.

SECTION PREMIÈRE

GÉNÉRALITÉS. — NOMINATION ET RÉVOCATION DES ADMINIS-TRATEURS

La société anonyme, personne morale, doit pratiquement être représentée dans ses rapports avec les
tiers par une personne physique. Dans la société en
commandite certains associés sont indéfiniment responsables, — le soin leur revient naturellement de
gérer les affaires sociales, à l'exclusion de toute autre
personne. Pareille distinction n'est pas à faire ici. La
situation est la même pour tous, tous sont également
tenus de leurs apports, mais de leurs apports seulement, et l'expression anglaise, *limited*, donne le vrai
caractère d'une telle association : la responsabilité de
ses membres est limitée d'avance et de façon certaine.
Il n'y a donc pas, en principe, de choix à faire entre
eux, ni d'exclusion. Le droit de gérer appartient

1

à tous. Mais quelques-uns peuvent seuls utilement l'exercer : le petit nombre est chose précieuse en une telle matière. Et le droit théorique de gestion de chaque associé se traduit en fait par la nomination de mandataires. L'article 22 de la loi du 24 juillet 1867 nous dit : « Les sociétés anonymes sont administrées par un ou plusieurs mandataires à temps, révocables, salariés ou gratuits, pris parmi les associés. » Ces mandataires, tirant leur nom de leurs fonctions sont les administrateurs.

La même loi de 1867 émet à leur sujet un nombre de dispositions d'ordre public. La prospérité des grandes sociétés se lie à l'intérêt général. On ne saurait donc en aucun cas déroger à ces dispositions. Les administrateurs doivent être pris parmi les associés, et être propriétaires d'un certain nombre d'actions (1) : mesures de garantie. Ils sont nommés soit par la première assemblée générale des actionnaires, soit par les statuts : de toutes manières les actionnaires les connaissent — ou peuvent les connaître — et savent ou peuvent savoir entre quelles mains leurs intérêts reposent.

Au sujet de leur nomination la loi prévoit un cas spécial (art. 25) : « Lorsqu'ils sont désignés par les statuts avec stipulation formelle que leur nomination ne sera pas soumise à l'approbation de l'assemblée

---

(1) La loi laisse d'ailleurs aux statuts le soin de fixer ce nombre dans chaque société. Plus exactement même, c'est l'ensemble des administrateurs qui doit posséder ce nombre déterminé d'actions, pourvu que chacun en possède au moins une. Ceci est une réforme de la loi de 1867, heureuse réforme qui empêche d'écarter de l'administration des sociétés des hommes très honnêtes et très habiles, mais qui n'auraient pas une fortune suffisante (Lyon-Caen et Renault, *Traité de droit commercial*, t. 2, n° 815).

générale, ils ne peuvent être nommés pour plus de trois ans. » L'assemblée générale peut, au contraire, les élire pour six ans (1). Ces limitations sont fort utiles aux actionnaires; là où l'on hésiterait à renvoyer un administrateur, il devient fort simple de ne pas le nommer.

Parfois, malheureusement, il n'y a pas à hésiter : les droits des sociétaires s'exercent alors dans leur plénitude : choisis pour six ou pour trois ans, les administrateurs sont toujours révocables *ad nutum*. Ce sont des mandataires selon le droit commun, soumis à la règle de l'article 2004 du code civil.

On ne saurait en effet songer à appliquer ici l'article 1856 qui exige, pour la révocation des associés chargés de l'administration, un « motif légitime ».

Cet article est écrit pour les sociétés civiles. On peut justement l'étendre aux sociétés en nom collectif ou aux sociétés en commandite, c'est-à-dire aux sociétés de personnes : le motif de la règle est le même : l'article 1856 parle de « l'associé chargé de l'administration par une clause spéciale du contrat de société »; or la nomination de l'administrateur indéfiniment responsable est une condition du contrat pour les parties et un élément essentiel de la société pour les tiers (2). Mais la société anonyme est une association de capitaux, le droit d'administrer y appartient en principe à tous les associés; les administrateurs y sont en conséquence de simples mandataires. Comme tels et selon le droit commun ils sont révocables *ad nutum*. L'article 1856 établit en somme une exception et il sied de l'interpréter restrictivement.

(1) Ils sont dans tous les cas indéfiniment rééligibles.
(2) LABORI. — *Répertoire encyclopédique.* — Sociétés, p. 564.

Cette règle de la révocabilité des administrateurs est considérée par la jurisprudence, depuis la loi de 1867, comme une règle d'ordre public. Les associés ne peuvent même renoncer sous aucune forme, décide cette jurisprudence, à leur droit de révocation (1). La promesse faite par les fondateurs à un administrateur de le maintenir dans ses fonctions pendant un temps déterminé doit être réputée non avenue comme contraire à ce principe absolu (2). L'administrateur ainsi révoqué ne pourrait même exiger le paiement d'aucune indemnité ; les tribunaux ne tiendraient pas compte d'une promesse ou d'une clause formelle des statuts sur ce point (3).

Il n'est pas sans intérêt de connaître ce précieux droit des administrateurs sur leurs mandataires. La décision d'un tribunal déclarant les administrateurs responsables d'une catastrophe est parfois insuffisante. Ces derniers peuvent être trop malheureux ou trop habiles et le préjudice causé par eux à la société devenir irréparable. La révocation arrête à temps les manœuvres ou les maladresses : la responsabilité des administrateurs ne sera pas mise en cause : mandants et mandataires y gagneront.

Réciproquement et selon le droit commun, les administrateurs peuvent se démettre de leurs fonctions quand bon leur semble, sous la condition, toujours d'après le code civil, de réparer le tort causé par une démission intempestive et inopportune (1869 et 2009 du code civil).

---

(1) Cassation, 30 avril 1878 (D. 78. 1. 134), 10 janvier 1881 (D. 93. 2. 309).

(2) Tribunal de commerce de Marseille 1882. *Journal des Sociétés*, 1883, p. 337.

(3) Paris, 17 mars 1893 (D. 93. 2. 309).

Ce dernier point est une pure question de fait. Un administrateur résigne son mandat au moment où la société commence une émission. Il n'ignorait pas cette émission. La société, par son départ, est obligée de rayer son nom des prospectus et des affiches : le préjudice est évident : l'administrateur, choisi comme il arrive souvent, pour son nom même, pour l'influence exercée par ce nom, est assurément responsable. Cette démission intempestive donne action à la société contre le démissionnaire.

Un autre cas peut se présenter : les administrateurs ne démissionnent pas, la société ne les révoque pas ; cependant, à cause de difficultés survenues, la marche des affaires est entravée. Qu'arrive-t-il ? « Il appartient alors aux tribunaux de nommer un administrateur sequestre chargé de convoquer l'assemblée générale et de gérer la société jusqu'à ce qu'un conseil ait été régulièrement nommé. » (1).

SECTION II

§ 1er. — DU CONSEIL D'ADMINISTRATION

Ce conseil est la réunion des administrateurs. La loi n'ayant pas déterminé leur nombre, il peut y en avoir un ou plusieurs. Les statuts, tantôt en fixent invariablement le nombre, tantôt se bornent à indiquer un maximum et un minimum. Ils accordent souvent au conseil la faculté de s'adjoindre de nou-

(1) ROUSSEAU. *Sociétés par actions*, p. 207. Trib. de la Seine, 28 mai 1887. *Revue des Sociétés*, 1887, p. 440 ; 23 mars 1889, *Revue des Sociétés*, 1889, p. 218.

veaux membres, s'il le juge utile, pour les besoins de l'administration. Il est d'usage également — pour le cas de démission ou de décès d'administrateurs au cours de l'existence de la société — d'autoriser les administrateurs restants à pourvoir provisoirement au remplacement des autres administrateurs, pour compléter le conseil, sauf ratification par la prochaine assemblée générale.

Ce droit est souvent nécessaire. Quand les statuts fixent un minimum d'administrateurs pour gérer la société, ce minimum est obligatoire. Et tous les actes passés par un conseil d'administration incomplet seraient frappés de nullité (1). — Nous dirons bientôt ce que nous appelons un conseil d'administration incomplet.

Les intérêts sur lesquels le conseil d'administration doit veiller sont assez graves pour qu'on exige toute son attention et l'assiduité de ses membres : il a, d'une manière générale, les pouvoirs les plus étendus pour l'administration des affaires de la société.

Aussi forme-t-il, à lui seul, comme une autre société, non plus commerciale, mais administrative, si l'on peut dire ainsi, quelquefois pourvue d'un président et prenant ses résolutions suivant des règles particulières. Nous entendons ici par règles particulières les divers statuts des différentes sociétés ; suivant les uns le conseil se réunit toutes les semaines ; selon d'autres tous les mois. Il décide alors sur les affaires de la compagnie, déterminant l'emploi des fonds disponibles, nommant, révoquant ou destituant ses agents et employés, réglant les dépenses générales, convoquant, lorsqu'il le juge utile, l'assemblée des actionnaires.

---

(1) Paris, 20 mai 1887. *Revue des Sociétés*, 1887, p. 475.

Selon une pratique constante, les administrateurs doivent se concerter et agir concurremment, c'est-à-dire que le conseil doit se réunir et délibérer : l'acte émané de quelques-uns seulement, sans que les autres y aient pris part — ou qu'absents régulièrement du conseil ils soient censés y avoir pris part — cet acte n'a point de valeur. A la vérité cette solution est contraire à la règle de l'article 1857 du code civil, mais un autre principe domine ici : c'est qu'en matière commerciale le code civil ne s'applique qu'à défaut d'usage constant, et l'usage constant et invariable dans les sociétés anonymes — sauf l'exception précitée — est l'action commune des différents administrateurs réunis en conseil.

Il faut s'entendre sur cette expression : action commune. Elle ne signifie point que l'éloignement momentané d'un des administrateurs rend nulle une décision du conseil : nous venons de parler d'absence régulière : un administrateur peut avoir obtenu de ses collègues un congé ; il peut être malade ; il peut, pour cent raisons valables, se trouver dans l'impossibilité de prendre part aux délibérations, et le fonctionnement de la société ne doit pas être suspendu pour autant. Les statuts prévoient le plus souvent ces absences forcées et les autorisent en quelque sorte en les limitant. Ainsi les statuts de la Compagnie d'Assurances Générales contre l'incendie, dont le conseil d'administration se compose de huit membres, exigent, pour la validité des délibérations, la présence de cinq d'entre eux au moins. Et bien plus, toujours dans la même compagnie, « si, par maladies ou absences simultanées, le nombre des administrateurs se trouve réduit au-dessous de cinq, les administrateurs sont autorisés à se compléter *temporairement* jusqu'à ce nombre, en choisissant parmi les commissaires nommés par l'assemblée générale pour la vérification des comptes de l'année ou des années précédentes et possédant encore cinq actions (1). » La Cour de Paris a décidé que l'appel de fonds décrété par le conseil d'administration composé d'un nombre de membres inférieur au minimum statutaire n'oblige pas les actionnaires auxquels il est notifié (2).

Dans le silence des statuts, il faudrait s'inspirer de la situation de fait. Il nous semble que toute délibération prise par quelques administrateurs seulement sera valable, lorsqu'ils ne l'auront pas laissée demeurer inconnue des autres, ou qu'ils auront tout au moins reçu de ces autres l'autorisation, même tacite, d'agir séparément.

Lorsqu'il est régulièrement composé, le conseil a le pouvoir général d'*administrer* : nous exposons un plus loin ce qu'il faut entendre exactement par ce mot. Sous sa responsabilité, en l'absence de clause spéciale des statuts, tous ses actes sont valables et engagent la société : 1° si, par ces actes, il ne s'éloigne pas du but et de l'objet de l'entreprise ; 2° s'il ne dispose pas du capital social, à moins d'y être obligé par la nature même de la société.

Sur le premier point, il paraît inutile d'insister. De toute évidence, les opérations étrangères au but de la société ne sauraient l'obliger : elles sont faites ou dans l'intérêt personnel des administrateurs, ou pour le compte et dans l'intérêt de la société que les administrateurs dirigent, mais, de par sa constitution et de par l'intention de ses fondateurs, elle ne peut les ac-

---

(1) Art. 23 des statuts.
(2) Paris, 24 janvier 1889. *La Loi*, n° du 19 avril 1889.

cepter : telle serait l'hypothèse d'une assurance sur la vie contractée par une compagnie d'assurances contre l'incendie. Dans ces divers cas, les administrateurs agissent hors de tout mandat, puisqu'ils n'ont reçu de la société que le mandat d'administrer ses affaires ; dès lors, s'il n'y a ni mandataire ni mandant, comment la société, qui n'est obligée par les actes de ses administrateurs que comme mandant, pourrait-elle être tenue ?

Sur le deuxième point, quelques développements seront nécessaires. En principe, celui qui n'est investi que d'un pouvoir ordinaire d'administrer ne peut aliéner. Un tuteur n'en a pas le droit, et l'article 1988 du code civil le défend même au mandataire à qui l'on a donné une procuration générale. De même que le tuteur doit être autorisé par le conseil de famille, les administrateurs doivent avoir l'approbation de l'assemblée générale des sociétaires. « Le conseil d'administration et les membres de la société agissant individuellement sont sans droit et sans qualité pour disposer de l'actif de ladite société (1) ».

Il y a des exceptions à cette règle. Si la société se trouve avoir précisément pour objet la vente de certaines choses, les administrateurs peuvent et même doivent procéder à cette vente. Les sociétaires sont *nécessairement* présumés, dans cette hypothèse, leur avoir confié tous les pouvoirs dont ils ont besoin, et le mandat général est ici précisé par les circonstances même.

Mais alors, cette faculté d'aliéner est limitée aux ventes sans lesquelles *le but* de la Société ne peut être atteint. Dans une société fondée pour l'exploita-

---

(1) Cour de Riom, 7 février 1888. D. 1889. 2. 67.

tion d'une usine, le conseil d'administration devra s'occuper de la vente des produits fabriqués, mais il ne pourra vendre la manufacture elle-même. Un tel acte serait nul, même vis-à-vis du tiers acquéreur ; celui-ci devait s'enquérir des pouvoirs de son vendeur. Le droit de vendre est en effet un droit exceptionnel, de même que le droit d'acheter, qui lui correspond : « cette faculté ne s'applique, selon les cas, « qu'aux objets nécessaires pour atteindre *la fin* que « se propose la Société, par exemple, s'il s'agit d'un « établissement industriel, avec ustensiles et machi- « nes, ainsi qu'aux matières premières, et s'il s'agit « d'un établissement agricole, aux instruments ara- « toires, chevaux, fumiers, vases vinaires, etc. (1) ».

En achetant ainsi, le conseil d'administration aliène une partie du fonds social ; mais il y est obligé par la nature même de la société.

Il faut rattacher à la règle qui défend les aliénations, cette autre règle de l'article 1859, § 4, qui prohibe les « *innovations* » sur les immeubles dépendant de la société.

Elle n'a pas été écrite par les administrateurs, mais nous pouvons, nous, justement la leur appliquer, car ces innovations — par exemple des constructions sur des terrains nus, ou des constructions nouvelles en complétant d'anciennes — entraînent fatalement une aliénation du capital. Si l'objet de la société n'est pas l'édification de maisons, le conseil d'administration doit en ce cas obtenir l'autorisation de l'assemblée générale.

Il devrait l'obtenir encore, s'il s'agissait simplement d'hypothéquer ces immeubles une fois construits.

---

(1) Dalloz. — Répertoire, Sociétés, n° 467.

L'hypothèque n'est pas sans doute une aliénation, mais elle en contient le germe : l'expropriation est son dénouement fatal si la dette n'est pas payée à l'échéance. Les anciens auteurs disaient : l'hypothèque a le venin à la queue. La règle du droit civil est qu'il faut être capable d'aliéner pour pouvoir hypothéquer. Encore ici l'autorisation de l'assemblée générale sera nécessaire aux administrateurs, mais, par exception à tous les principes, elle peut être donnée en un acte sous seing privé ; c'est une innovation de la loi du 3 août 1893 (1), la société qui prend hypothèque n'est pas tenue de manifester sa volonté dans un acte authentique.

Pour l'emprunt sur nantissement nous donnerons la même solution que pour l'hypothèque : la chose donnée en gage court le même danger que l'immeuble hypothéqué.

Quant à l'emprunt ordinaire, en dépit de certains arrêts (2), nous ne saurions raisonner de la même manière. Sans doute l'emprunt est un acte grave : l'emprunteur s'oblige à restituer des choses semblables à celles qu'il a reçues ; il grève ainsi son patrimoine de charges qui peuvent être fort lourdes. Aussi l'on exige en tous cas de l'emprunteur qu'il ait la faculté de s'obliger : ni le mineur ni l'interdit ne peuvent emprunter. Mais là s'arrêtent les exigences légales : si la femme mariée ne doit généralement pas emprunter sans être autorisée, elle le peut toutefois lorsqu'elle est séparée de biens et que son emprunt est relatif à *l'administration* de sa fortune. Fort souvent ·

---

(1) Article 6 de la loi de 1893, ajoutant 4 articles à la loi de 1869.

(2) Alger, 18 mai 1863. D. 63. 5. 353.

l'emprunt se trouve être un acte de bonne administration : un capital ainsi trouvé, dont l'intérêt rémunère
le prêteur, peut encore donner d'importants bénéfices
à l'emprunteur : il n'y a qu'à voir la prospérité de
nombreuses compagnies qui ont, à de certaines époques, pour d'utiles travaux, émis des obligations.

Nous avons pour nous un arrêt de la Cour de cassation du 22 janvier 1867 (1), et dont on a tenté de se
prévaloir dans l'opinion adverse ; à tort, pensons-
nous. On y rencontre en effet les considérants suivants :
« Attendu que le juge avait à rechercher si le conseil
« d'administration qui, aux termes de l'article 31 du
« code de commerce, était un mandataire de la société,
« avait le pouvoir d'emprunter pour celle-ci ; attendu
« que les statuts ne reconnaissant comme valables que
« les emprunts proposés par le conseil d'administra-
« tion à l'assemblée générale des actionnaires,
« approuvés par celle-ci, et signés par deux adminis-
« trateurs, la société ne pouvait être tenue de l'enga-
« gement pris en dehors de ces conditions... » Il suit
clairement de là que, lorsque les statuts, silencieux
sur ce point, ne règlent pas la forme des emprunts, le
conseil d'administration peut valablement emprunter
sans outrepasser son mandat.

Le législateur ne refuse en somme aux administrateurs que le droit d'aliéner et les autres droits qui s'y
rapportent. L'emprunt est dangereux par les engagements qu'il fait prendre : mais rien avec lui ne sort
du patrimoine. Nous n'en dirons pas autant de la transaction : celui qui ne conserve son droit que moyennant un sacrifice, l'aliène en partie. C'est donc un acte
de disposition. La donation seule, qui est une aliéna-

(1) D. 67, 1, 168.

tion totale, serait un acte de disposition plus grave encore. N'est-elle pas pour les associés une perte pure et simple ? Le droit de vendre, expressément accordé par les statuts, n'entraînerait pas celui de donner.

Nous ne serons cependant pas plus absolus ici que pour les aliénations à titre onéreux : selon Pothier, stimuler par des gratifications le zèle et l'activité de ceux qu'on emploie est souvent un acte de bonne administration. Envisagées à ce point de vue, « des largesses mesurées », des donations renfermées en de sages limites ne sauraient être défendues aux administrateurs et n'excéderaient pas leurs droits. La véritable formule à donner est peut-être celle-ci : les administrateurs, pourvus d'un mandat général, sont présumés avoir reçu des associés les pouvoirs nécessaires pour bien administrer la société selon son but et son objet.

Ils peuvent en conséquence intenter toutes les actions judiciaires relatives à l'administration et y défendre (1). Mais, tout naturellement, la société cesse d'être représentée par ses administrateurs quand il ne s'agit plus des intérêts sociaux et des rapports de la société vis-à-vis des tiers, mais de la défense des intérêts sociaux contre les administrateurs eux-mêmes. Les actionnaires ont alors un droit particulier et personnel qu'ils peuvent exercer à leurs risques et périls devant la juridiction civile ou criminelle. Hors ce cas, les statuts autorisent ordinairement les administrateurs à former toutes les demandes en justice qui sont nécessitées pour le bon fonctionnement de la société.

(1) Trib. Lyon, 17 février 1882 ; *Gaz. Pal.* 81-82, 2, 209.

C'est toujours pour assurer le bon fonctionnement de la société que la loi de 1867 a imposé aux administrateurs un certain nombre d'obligations particulières : elles tiennent à la nature et à la constitution même de la société anonyme.

1. — Ils doivent veiller à ce que les conditions exigées pour la formation de la société soient remplies, notamment à ce que les publications ordonnées par l'article 56 de la loi de 1867 soient régulièrement faites : un délai précis et certaines formes sont imposés à peine de nullité. Nous exposons plus loin ces formalités : elles sont les mêmes que celles exigées pour les actes et délibérations des assemblées générales. Et nous voulons préciser d'abord les devoirs des administrateurs relativement à la convocation de ces assemblées et aux communications qu'ils ont à leur faire.

2. — Dans les sociétés anonymes comme dans les sociétés en commandite par actions, il y a trois sortes d'assemblées générales : les assemblées générales convoquées avant la constitution définitive de la société, les assemblées générales ordinaires et les assemblées générales extraordinaires appelées, en vertu de l'article 31, à délibérer sur les modifications aux statuts (1). La qualité d'actionnaire est une condition nécessaire, et suffisante en général, pour en faire partie : les statuts peuvent cependant subordonner le droit de vote à la possession d'un certain nombre

_____

(1) Les assemblées générales ordinaires doivent représenter au moins le quart du capital social, et les assemblées extraordinaires au moins moitié.

d'actions. D'ailleurs les actionnaires peuvent se faire représenter par des mandataires; mais l'on exige dans la plupart des sociétés que ces mandataires soient pris parmi les actionnaires. C'est aux administrateurs à veiller à la régularité du mandat et à voir si les actionnaires présents sont bien propriétaires du nombre d'actions exigé par les règlements.

Il appartient aux fondateurs de convoquer l'assemblée appelée à constituer la société anonyme. Mais l'assemblée générale annuelle comme aussi les assemblées extraordinaires sont convoquées par les administrateurs (art. 27 § 1er, 31, 37 loi 24 juillet 1867). Si la situation mauvaise de la société s'aggrave, parce qu'ils n'ont pas fait les convocations ainsi qu'ils y sont tenus, ils sont responsables (1). Il n'y a nulle forme légale d'ailleurs, ni délais légaux (2) : ils sont fixés par les statuts et les convocations sont faites habituellement de quinze jours à un mois avant l'assemblée. Pour établir que les convocations ont été faites dans les délais voulus, il est utile aux administrateurs de faire légaliser et enregistrer un exemplaire du journal contenant l'avis de convocation. Car la violation des prescriptions statutaires à ce sujet entraînerait la nullité des délibérations de l'assemblée(3).

Quand les administrateurs négligent les convoca-

(1) Paris, 17 juillet 1888. *Rev. des Sociétés*, 89, p. 65.

(2) Cependant pour l'assemblée annuelle le délai ne saurait être inférieur à quinze jours francs, l'article 35 de la loi du 24 juillet 1867 autorisant tout actionnaire à prendre communication au siège social, quinze jours au moins avant l'assemblée, de l'inventaire, du rapport des commissaires et de quelques autres pièces. Voir infra.

(3) Trib. comm. Seine, 17 mars 1885 et 28 mars 1887. *(Journal des Sociétés*, 1887, p. 753. — *Rev. des Sociétés*, 1887, p. 135).

tions régulières tout actionnaire peut les mettre en demeure de les faire : une ordonnance de référé suffit pour les y obliger.

Comme chargés de la gestion générale des affaires de la société, les administrateurs doivent encore veiller à la composition régulière du bureau, composition ordinairement réglée par les statuts, laissée dans les autres cas à la discrétion de l'assemblée. La violation des statuts ou de la loi sur ce point, de même que sur les votes de l'assemblée, entraîne la responsabilité des administrateurs, qui peut être fort étendue, car la nullité sanctionne encore ces prescriptions.

Ils doivent faire procéder par l'assemblée générale annuelle à la nomination des commissaires de surveillance, et « à défaut de cette nomination et en cas d'empêchement ou de refus d'un ou plusieurs des commissaires nommés, il est procédé à leur nomination ou à leur remplacement par ordonnance du président du tribunal de commerce du siège de la société » (art. 32). Tout intéressé peut en faire la demande, par voie de requête, au président du tribunal, mais « les administrateurs dûment appelés. » Car c'est à eux en somme qu'incombe ce soin.

3. — Les administrateurs sont obligés de faire certaines communications à l'assemblée générale. Ils doivent lui produire comme documents « l'inventaire, le bilan et la liste des actionnaires », lesquels « doivent être déposés au siège social quinze jours au moins avant la réunion », afin que les actionnaires puissent avoir une copie du bilan (art. 35) ; quarante jours avant la réunion les mêmes pièces sont mises à la disposition des commissaires de surveillance. Le législateur ayant voulu restreindre autant que possible l'ingérence des actionnaires dans l'administration pour éviter les indiscrétions dont la société pourrait avoir à souffrir, la jurisprudence applique strictement l'article 35, et un arrêt de la Cour de cassation — confirmant un arrêt de la Cour de Nîmes — a reconnu que si les actionnaires peuvent demander à examiner les écritures et les livres de la société, c'est seulement quand on se trouve en présence de circonstances exceptionnelles, lorsqu'on a besoin par exemple, avant de former une action en dommages-intérêts contre les administrateurs, d'être exactement renseigné sur la situation véritable de la société et la gestion de ses mandataires (1).

4. — L'un des plus importants devoirs peut-être des administrateurs dans les assemblées générales est de faire les propositions de dividendes. Les sociétés commerciales sont créées dans un but lucratif. Les intentions des actionnaires se trouvent réalisées — plus ou moins — par la distribution de dividendes. C'est la rémunération de leurs apports par le partage proportionnel des bénéfices. Les administrateurs à qui se trouve confiée la gestion, chargés des comptes et de la tenue des livres, connaissant, pour les avoir dirigées, les opérations financières de la société, soumettent à l'assemblée la fixation de ces parts proportionnelles ; l'approbation des intéressés est nécessaire. Certaines règles sont d'ailleurs à ce sujet posées par la loi ; les administrateurs doivent justifier d'un bénéfice réel et acquis ; autrement la distribution se ferait sur le capital social, délit caractérisé, puni d'un emprisonnement de un à cinq ans et d'une amende de cinquante

---

(1) Cass., 3 déc. 1872. D. 73, 1, 191.

à trois mille francs, si toutefois la distribution est accompagnée d'un inventaire frauduleux ou si le conseil d'administration s'est complètement dispensé de faire inventaire. L'excédent certain des produits annuels sur les dépenses, provenant d'opérations accomplies, et encaissé, « ou d'un encaissement prochain, équivalent à des espèces en caisse » doit seul être considéré comme formant les bénéfices susceptibles d'être mis en distribution (1). L'on regarde comme dividendes fictifs dans le sens de l'article 15 ceux qui ont pour base des bénéfices non réalisés ni immédiatement réalisables lors de cette distribution, qui, par exemple, n'étaient encore que stipulés (2), tels que des prix de vente ne pouvant devenir exigibles qu'éventuellement ou après un nombre d'années variable (3), tel encore que l'excédent provenant d'aliénations non encore réalisées..... Les administrateurs ne peuvent pas davantage présenter comme un bénéfice acquis l'excédent, sur le prix de revient des terrains acquis par la société, des prix de revente, lorsque ces prix payables par annuités, n'ont pas été encaissés durant l'exercice et ne sont pas même échus. Les administrateurs qui, dans leur rapport à l'assemblée générale auraient annoncé des exercices se soldant en bénéfices à distribuer alors que ces exercices se soldaient en pertes — une fois retranchés les articles ainsi faussement qualifiés — seraient responsables envers la société d'abord, puis envers ceux des actionnaires qui n'auraient acheté leurs actions que sur la foi de ces faux rapports (4).

---

(1) Paris, 16 avril 1870 (D. 70. 2. 122).
(2) Cass., 28 juin 1862 (D. 62. 1. 305). Affaire Mirès.
(3) Cass., 7 mai 1872 (D. 72. 1. 233). Affaire Péreire.
(4) Paris, 22 avril 1870 (S. 71. 2. 169).

En outre, avant la distribution des dividendes, un prélèvement de 1/20ᵉ au moins sur les bénéfices nets doit être affecté à la formation d'un fonds de réserve, et il ne cesse d'être obligatoire que lorsque ce fonds a atteint le dixième du capital social. Il ajoute une nouvelle garantie à ce capital. Et cette exigence exceptionnelle de la loi, qui n'existe pas pour les autres sociétés (1) s'explique aisément, puisque le capital social répond seul ici des dettes de la société.

5. — Chaque semestre les administrateurs doivent dresser un état sommaire de la situation active et passive de la société anonyme. Mais ce n'est qu'à l'assemblée générale qu'ils rendent un compte détaillé de leurs actes et de leur gestion. L'article 1993 du code civil dispose que « tout mandataire est tenu de rendre compte de sa gestion ». Si leur rapport présente des inexactitudes, des réticences ou des omissions susceptibles de tromper les actionnaires, ils sont naturellement en faute.

6. — Les administrateurs doivent en certains cas prévus provoquer la dissolution de la société. L'article 37 dispose qu'en cas de perte des trois quarts du capital social, les administrateurs sont tenus de provoquer la réunion de l'assemblée générale de tous les actionnaires à l'effet de statuer sur la question de savoir s'il y a lieu de prononcer la dissolution de la société (2). La société n'est pas obligée de se dissoudre

---

(1) Sauf pour les sociétés de crédit agricole d'après la loi du 5 mai 1894.

(2) Le code de commerce etait muet. Mais en vertu d'une instruction ministérielle de 1818, le gouvernement exigeait dans les statuts la fixation d'une proportion de perte du capital, qui obligeât la société à se dissoudre.

mais les administrateurs sont obligés de réunir l'assemblée générale.

Du reste, à défaut de cette convocation, tout intéressé pourrait demander la dissolution de la société (art. 37 *in fine*).

En outre, si depuis un an le nombre des associés est devenu inférieur à sept, les administrateurs doivent provoquer la dissolution de la société, mais cette fois devant les tribunaux. Il eût été excessif d'autoriser la dissolution aussitôt la descente au-dessous de sept du nombre des actionnaires. La loi de 1863 donnait un délai de six mois, qui fut doublé par la loi de 1867.

Toutefois, même ce délai passé, la dissolution n'a pas lieu de plein droit : elle peut seulement être demandée en justice « par tout intéressé », expression qui trace justement leur devoir aux administrateurs. En vertu de leur situation particulière, dès que l'intérêt de la société l'exige, ils sont tenus, sous leur responsabilité, d'en demander la dissolution.

7. — *Formalités de publicité*. — L'article 61 porte : « Sont soumis aux formalités (de publicité) et aux pénalités prescrites par les articles 55 et 56 : tous les actes et délibérations ayant pour objet la modification des statuts, la continuation de la société au delà du terme fixé pour sa durée, la dissolution avant ce terme, et le mode de liquidation ; — sont également soumises aux dispositions des articles 55 et 56 des délibérations prises dans les cas prévus par les articles 37, 46 et 47 ci-dessus ». .

Or quelles sont les formalités des articles 55 et 56 ? Elles sont doubles : il faut, dans le délai d'un mois procéder : 1° au dépôt de l'acte (ou délibération) aux greffes de la justice de paix et du tribunal de com-

merce du siège de la société ; *2°* à l'insertion desdits
actes et délibérations, par extrait, dans les journaux.
La liste des mentions à publier n'est pas limitative. La
loi s'est contentée — pour la constitution de la société — d'énumérer les plus usuelles. L'important
est que les clauses susceptibles d'intéresser les tiers
soient publiées. A la vérité la loi peut-être eût mieux
fait d'exiger la publicité intégrale des délibérations,
et de créer un recueil officiel où figureraient obligatoirement toutes les publications légales concernant
les sociétés. Car la multiplicité des journaux pouvant
recevoir des annonces légales est dangereuse et prête
à des arrangements faciles pour les sociétés en mauvaise situation.

Les statuts ne peuvent être modifiés que par des
assemblées générales extraordinaires dont le quorum
est dans tous les cas au moins la moitié du capital
social. Mais l'unanimité des voix composant cette
assemblée est requise, à moins d'une disposition spéciale des statuts permettant à la majorité de modifier
à elle seule les statuts et d'imposer ses volontés aux
membres de la minorité. C'est du moins le système
admis par la majorité des auteurs et de nombreux
arrêts de jurisprudence (1). On peut de la sorte voter

(1) Civ. 21 juin 1881 (D. 81. 1. 465).
   Civ. 28 février 1888 (D. 88. 1. 427).
Besançon 29 juillet 1889 (D. 90. 2. 331).
Paris 19 avril 1875 (D. 75. 2. 161). La Cour a décidé que
« l'article 31 de la loi de 1867, en prescrivant une certaine composition de l'assemblée générale des actionnaires pour la modification des statuts, n'a pas attribué davantage aux assemblées
générales d'actionnaires le pouvoir de modifier les statuts en
dehors des prévisions de l'acte de société ».
Paris 20 mai 1869 (D. 70. 2. 11). La Cour a décidé que « la
majorité des actionnaires n'a pas le pouvoir de dissoudre la

une modification du capital social, des changements dans la répartition des bénéfices, le déplacement du siège social, etc.

---

société avant l'échéance du terme pour lequel elle a été formée ».

Deux systèmes ont été produits sur ce point :

I. — Dans le premier système on reconnaît à l'assemblée générale d'une société anonyme constituée conformément à l'article 31, c'est-à-dire composée d'un nombre d'actions représentant au moins la moitié du capital social, pleins pouvoirs à l'effet d'apporter aux statuts de la société toutes modifications *non formellement interdites par les statuts*. Quand les statuts n'interdisent pas les modifications, ils sont présumés les avoir implicitement permis à l'assemblée générale, pourvu cependant que la modification ne renferme pas une atteinte aux bases fondamentales de la société. (THALLER. *Dissertation sous Dalloz*, 93. 1. 105 à 115).

Deux arguments à l'appui de ce système :

a) Un argument de texte. — Les articles 28 à 31 de la loi de 1867 signifient (leurs termes sont assez clairs) que l'assemblée générale, quand elle modifie les statuts, n'a pas besoin de l'unanimité des suffrages, que néanmoins un minimum d'actionnaires doit y prendre part, que ce minimum représente le quart du capital dans les assemblées annuelles et la moitié du même capital dans les assemblées modificatives des statuts.

b) Un argument de principe : le droit pour la majorité d'obliger la totalité des membres découle de la nature juridique de l'assemblée. L'assemblée générale est la manifestation extérieure de la personnalité morale de la société, un organisme corporatif distinct des individualités dont il se compose et pouvant avoir une volonté propre, laquelle n'est autre que celle exprimée par la majorité légale. « Chaque actionnaire, une fois entré dans la société, n'a plus en face de lui qu'un faisceau compact de forces sociales solidarisées entre elles. Il n'y a plus de lien immédiat établi d'homme à homme, mais une série de rattachements individuels à un ensemble, à un bloc qui est l'entreprise elle-même : par là l'idée de personnalité rentre en scène. Le nombre des actionnaires, l'impossibilité de les joindre ou de les connaître tous, leur caractère mobile et flottant, la perspective pour la compagnie de franchir plusieurs générations humaines, toutes ces raisons s'opposent à ce que le *vinculum juris* soit jeté mutuellement et privativement entre les

Toute modification de la durée de la société, soit
pour prolonger son existence, soit pour la dissoudre
avant le terme fixé doit également être considérée com-

---

actionnaires qui passent ; la chaîne se noue de chacun des
souscripteurs à la personne morale. » (Thaller).

Dès lors la nécessité de grouper l'unanimité des adhésions
ne se conçoit plus : la Société, comme personne morale, ma-
nifeste assez sa volonté par la déclaration de la majorité de ses
membres : et qui donc n'a jamais de discussion avec soi-
même et ne trouve pas, en sa propre raison, des arguments
contre ses propres idées, idées qui sont défendues cependant
par des arguments plus forts ?

L'individualité des associés ne reparaît que lorsqu'au lieu
d'opérer de simples modifications l'assemblée générale prétend
bouleverser les bases même de la société, en substituer en
réalité une nouvelle à l'ancienne : alors si le changement dont
il s'agit n'a pas été nommément et expressément prévu par les
statuts, l'unanimité des volontés redevient nécessaire, l'ancienne société disparaissant comme personne morale et la nouvelle n'existant pas encore.

II. — Le deuxième système a prévalu longtemps en jurisprudence : la Cour de cassation paraît néanmoins l'avoir abandon-
né — et nous le regrettons. Dans cette théorie, l'assemblée
générale n'aurait jamais le droit de modifier l'acte de société
que *si les statuts lui avaient reconnu formellement ce droit*.
Dans leur silence il faudrait obtenir l'unanimité des associés.
Ainsi la décision de l'assemblée des actionnaires qui, au cours
des opérations sociales, en abandonne la direction à forfait aux
administrateurs, ne peut modifier les clauses et statuts qui
fixent la position des actionnaires et des tiers lorsque ces statuts ont été légalement publiés, et les administrateurs n'en
restent pas moins les mandataires des actionnaires, responsables de leur gestion, selon l'article 44 de la loi sur les sociétés.

a) En réponse à l'argument de texte présenté par les défenseurs du premier système, on objecte ceci : l'article 31 fixe un
quorum au-dessous duquel on ne peut descendre, on peut croire
qu'il a été rédigé pour le cas où l'acte de société permet à l'assemblée générale de modifier ses statuts. L'article 31 dit : Les
assemblées *ne* délibèrent valablement qu'autant qu'elles sont
composées d'un nombre d'actionnaires représentant au moins

me un changement essentiel des statuts. Les trois premiers points visés par l'article 61 sont donc soumis aux mêmes règles.

---

la moitié du capital social. Il faut donc que, dans la situation la plus favorable où elles puissent se trouver au point de vue de l'étendue de leurs pouvoirs, la moitié du capital social y soit représentée par des actionnaires délibérant suivant les règles ordinaires ; et cette situation la plus favorable est bien celle où les statuts leur donnent un pouvoir exprès. Dès lors, que décider quand les statuts ne disent rien et que les droits de l'assemblée sont par conséquent moins larges? On ne peut exiger, puisque la loi est formelle, que plus de la moitié du capital social soit représentée : la seule garantie qui reste est d'enlever à la majorité son droit d'imposer sa volonté aux membres de la minorité et d'exiger l'unanimité des sociétaires.

Et s'il ne doit plus y avoir ni majorité ni minorité, c'est qu'il n'y en avait pas eu non plus lors de la constitution de la société, et que les conventions ne peuvent être rompues, changées ou altérées que du consentement de tous ceux qui y ont pris part. Logiquement, il faudrait même que la totalité du capital engagé se trouvât représenté : pour des motifs de difficultés pratiques le législateur a pensé qu'on ne pouvait exiger cette représentation tout entière, il a fixé un chiffre, mais un chiffre que, sous aucun prétexte, on n'est en droit d'abaisser.

b) Quant à l'absorption complète de l'individualité des actionnaires par l'assemblée générale, elle est en contradiction avec le droit presque unanimement reconnu désormais aux sociétaires d'exercer *ut singuli* l'action sociale en dehors des actions individuelles qui leur peuvent appartenir. Il est assurément utile de ne pas mêler les actionnaires aux choses de l'administration, d'empêcher leur intrusion, parce qu'il importe d'écarter les éléments de trouble, de discorde, et de protéger les secrets ; mais si l'on est bien obligé de leur reconnaitre le droit, après l'exécution des opérations, d'exiger qu'on leur en rende compte, comment pourrait-on leur dénier le droit aussi de fixer à l'avance, et d'une façon *générale* — pour éviter le reproche d'ingérence indiscrète — les règles de ces opérations ?

« Et du reste on est obligé de faire, dans le premier système, une concession qui le ruine tout entier : les dissidents, dit-on, ne sont pas liés par le vote de la majorité s'il s'agit d'un chan-

Mais d'autres délibérations encore, toujours selon l'article 61, doivent être rendues publiques, dans les mêmes formes, par les administrateurs : celles prévues par l'article 37 : l'asssmblée générale de *tous* les actionnaires réunie par les administrateurs, en cas de perte des trois quarts du capital social, statue sur la dissolution de la société ; « dans tous les cas la résolution de l'assemblée est rendue publique » ;

Celles de l'article 46 : les sociétés anonymes existant avant la loi de 1867 peuvent, avec l'autorisation du gouvernement, et en observant les formes nouvelles, se transformer en sociétés anonymes dans les termes de cette loi ;

Celles de l'article 47 portant une disposition analogue pour les sociétés à responsabilité limitée.

Les administrateurs doivent donc veiller à la publicité, dans les formes prescrites, de ces diverses délibérations. L'article 46 déclare applicables ici non seulement les formes, mais encore les peines de l'article 56. Cette peine, ou plus correctement cette sanction, est la nullité des actes et délibérations.

8. — Les administrateurs sont tenus d'acquitter, aux époques fixées par la loi, les divers impôts dus par la société et de fournir au fisc les états, déclarations et situations exigés par la loi.

9. — Les administrateurs doivent tenir les livres de la société. Sans être commerçants eux-mêmes, ils y sont obligés comme représentant une société de

gement aux bases essentielles de la société ; comment concilier cette proposition avec l'anéantissement prétendu de la personnalité des actionnaires ? (D. Suppl. au Répert. *Société*, n° 1695 *in fine*).

commerce (1) et sous les mêmes sanctions que tous
les commerçants : les commerçants dont les livres
sont irrégulièrement tenus ne peuvent s'en servir
comme moyen de preuve en justice, et, de plus,
s'exposent, en cas de faillite, à être poursuivis comme
banqueroutiers simples. Il est vrai que cette dernière
sanction existe à peine en fait. La production de livres
quelconques, même informes, empêche généralement
la banqueroute.

L'article 33 ajoute que, pendant le trimestre qui
précède l'époque fixée par les statuts pour la réunion
de l'assemblée générale, les administrateurs doivent
mettre leurs livres à la disposition des commissaires
de surveillance pour leur travail de contrôle et en vue
du rapport qu'ils sont chargés de faire à l'assemblée
générale.

Bien que la loi ne s'exprime pas formellement à ce
sujet, outre les livres commerciaux ordinaires, les
administrateurs doivent tenir très régulièrement un
certain nombre de registres :

a) Le registre des actionnaires, contenant les
noms, prénoms, professions, domiciles des différents
souscripteurs, l'indication des versements faits et à
faire sur chaque action, enfin l'indication des transferts quand les actions sont nominatives.

*b) Le registre des délibérations des assemblées
générales.* Ces délibérations sont mentionnées dans

---

(1) C'est la société qu'ils représentent qui est commerçante.
Les fonctions d'administrateurs ne constituent pas proprement, comme fonctions, un négoce, pas plus qu'un emploi à
gages : c'est un simple mandat. Les fonctions d'administrateur
de société anonyme ne sont donc pas incompatibles avec la
profession d'avocat. (Bruxelles, 9 mai 1883. — *Rev. des Soc.*,
t. 1, p. 614).

un procès-verbal qui doit être signé par le président et le secrétaire du bureau ; toutefois l'absence de ces signatures n'entraînerait pas la nullité de ces délibérations (1).

c) Le registre des délibérations du conseil d'administration sur lequel sont analysées les séances du conseil, les propositions faites, les avis émis et les résolutions prises. Ce registre est de la plus haute importance quand les administrateurs sont appelés à défendre, devant les tribunaux, les actes de leur gestion.

Une dernière obligation est propre aux administrateurs : celle de s'abstenir de prendre ou de conserver un intérêt direct ou indirect dans une entreprise ou dans un marché fait avec la société ou pour son compte. Cependant l'assemblée générale des actionnaires peut les y autoriser : elle décidera si les avantages dépassent les inconvénients, à traiter avec une personne *connue,* mais qui, représentant la société, se trouve à la fois *stipuler et promettre* dans le contrat. L'article 40 pose formellement cette règle dont la violation, comme toute violation de la loi de 1867, entraîne la responsabilité des administrateurs. Le tribunal de commerce de Toulouse (2) a jugé qu'ils seraient comptables envers la société des bénéfices réalisés par eux dans un marché fait en violation de l'article 40. A notre avis ce n'est pas assez dire (et nous sommes en contradiction encore avec un jugement du tribunal de commerce de la Seine (3), il

---

(1) Cassat. 28 janvier 1878. S. 78, 1, 450.

(2) Trib. com. Toulouse, 25 mai 1886 *(Revue des Sociétés,* 1886, p. 69).

(3) Trib. com. Seine, 23 avril 1887 *(Gazette du Palais,* 1887, 1. 641).

fallait annuler le marché. Le texte est formel : « Il est interdit aux administrateurs de prendre ou de conserver un intérêt direct ou indirect... ». La loi ne peut valider les actes qu'elle défend : le contrat ne vaut pas, faute d'objet licite.

Tel est le mandat légal des administrateurs. Pour achever de caractériser ce mandat, il faut rappeler ceci : c'est qu'il n'y a pas en somme deux sortes d'associés, d'une part les administrateurs responsables, et d'autre part les actionnaires ne gérant jamais, et seulement tenus jusqu'à concurrence de leur mise. C'est un ensemble d'associés qui, tous, sont placés sur le même plan ; qui, tous, au moins théoriquement, pourraient être appelés à administrer, et qui délèguent à un ou plusieurs d'entre eux ce pouvoir d'administration. Le mandat des administrateurs n'est donc qu'une simple émanation de la masse des actionnaires, ce qui explique la liberté que possèdent ces actionnaires de nommer et de révoquer les administrateurs, et pourquoi les fonctions des administrateurs peuvent être gratuites ou salariées (1).

D'ailleurs, les administrateurs dont le mandat n'est pas salarié sont en très petit nombre dans les sociétés anonymes actuelles : lorsqu'ils ne reçoivent pas d'appointements fixes, ils sont rémunérés au moyen de jetons de présence. Parfois cette rémunération consiste dans l'attribution de tant pour cent sur les bénéfices annuels : le tribunal de commerce de la Seine a jugé que cette attribution tenait à leur qualité même et ne constituait pas un avantage spécial que l'assemblée générale dût nécessairement approuver (2).

---

(1) P. Pont, n° 1601 et seq., cité aux *Pandectes françaises*, t. 3. Adm. sociétés anonymes, n° 32.

(2) Trib. com. de la Seine, 4 avril 1887. *Revue des Sociétés*, 4 avril 1887, p. 336.

§ II. — DE L'ADMINISTRATEUR DÉLÉGUÉ

La loi exige impérieusement qu'il y ait un conseil d'administration responsable. Mais l'action simultanée de tous les membres du conseil d'administration ne se prête pas aux exigences pratiques de la gestion des affaires. On supplée à son manque de permanence, en la plupart des sociétés, par la présence, au siège central, de l'un de ses membres.

Un des administrateurs est délégué pour venir remplir des services de huitaine ou de quinzaine, suivant les statuts. Chacun des membres du conseil, à tour de rôle, exerce ces fonctions. Pendant son séjour dans les bureaux de la société, le conseiller de service voit et signe la correspondance, les transferts d'action et les actions nouvelles. Il statue sur les différentes questions qui se présentent quotidiennement et dont la solution ne peut pas attendre la réunion hebdomadaire ou mensuelle. Il fait en outre partie de droit de toutes les commissions nommées par le conseil et qui sont convoquées durant son séjour au siège de la société.

En vertu de l'article 1757 du code civil, et sauf réglementation spéciale des statuts, cet administrateur peut faire du reste toute espèce d'acte d'administration ; et, conformément au § 1er de l'article 1859, il engage par ces actes la responsabilité de ses collègues, ayant reçu de leur part mandat tacite d'agir en leur nom et pour eux « sauf le droit qu'ont ces derniers, ou l'un d'eux, de s'opposer à l'opération avant qu'elle soit conclue » (art. 1857 c. c. in fine).

§ 3. — DU DIRECTEUR

Le conseil d'administration a la haute direction ; l'administrateur délégué assure le service courant ; mais il faut en outre, pour le bon fonctionnement de la société, une personne qui lui consacre particulièrement et d'une façon permanente son temps et ses soins : c'est le directeur.

« La loi de 1867 autorise la désignation, à côté du conseil d'administration, d'un mandataire général, chargé d'imprimer à la direction des affaires sociales une certaine unité, de représenter la société dans les actes judiciaires et extrajudiciaires, et généralement de veiller à l'exécution des décisions du conseil (1) ».

La base du contrat de société est la confiance réciproque : la loi de 1867 a décidé en conséquence que les personnes chargées de l'administration d'une société, soit comme membres du conseil, soit comme directeur — ne pourraient être prises en dehors des associés, à moins d'une autorisation formelle des statuts.

1. Nomination et révocation du directeur.

Le directeur est le plus souvent le mandataire direct de la société : ce sont les statuts qui le choisissent ou c'est l'assemblée générale qui le nomme. A la vérité, il peut être élu par le conseil d'administration aussi, mais seulement en vertu d'une clause spéciale des statuts, car cette nomination est une modification essentielle apportée au fonctionnement normal de la

---

(1) DALLOZ. Supplém. au répert. Société : n° 1472.

société, et l'assemblée générale, convoquée par les commissaires de surveillance, pourrait révoquer immédiatement et les délégués en question et les administrateurs déléguants, si ces derniers n'avaient pas reçu les pouvoirs nécessaires.

De plus, lorsque le conseil d'administration a cru devoir se substituer un tiers étranger à la société, ce conseil, alors même qu'aucune faute ne lui serait imputable, doit aussi répondre de tous les actes du mandataire substitué : c'est une dérogation apportée par l'article 22 de la loi de 1867 à l'article 1994 du code civil.

« De même, a dit le ministre au Corps législatif, que les administrateurs sont responsables de leur gestion personnelle, de même ils le sont de celle de leurs remplaçants. »

Quand nous disons que le conseil d'administration ne peut, sans autorisation des statuts, déléguer ses pouvoirs, nous ne parlons que d'une délégation générale, et cette règle ne s'applique pas lorsqu'il s'agit d'une affaire accidentelle et spéciale, autrement toute administration deviendrait impossible (1). Ainsi les conseils d'administration ont souvent recours à des hommes spéciaux auxquels ils transmettent une partie de leurs pouvoirs : tels sont les directeurs techniques que le conseil met parfois à la tête d'un service détaché de l'ensemble, d'une usine, d'une succursale. Ces directeurs techniques ne sont que des employés supérieurs de la société; le contrat qui les unit à celle-ci n'est qu'un simple louage de services, régi par les règles propres à cette nature d'engagement et non pas un mandat.

---

(1) Nancy, 22 décembre 1842 (D. 43. 2. 53).

Ce n'est point là le directeur tel que nous l'entendons, considéré comme l'un des rouages essentiels de l'administration de la société anonyme. Pour nous, le directeur, soit qu'on l'ait choisi parmi les associés, soit qu'on l'ait pris hors de la société est un mandataire, c'est-à-dire un *représentant* de cette société ; ce n'est pas un employé, auquel cas il ne serait que le *subordonné* de la compagnie et de ses représentants.

Le législateur de 1863 n'avait pas autorisé le conseil d'administration à faire choix de directeurs étrangers à l'association ; et lors du vote de la loi de 1867, de nombreuses critiques se sont encore élevées contre ce droit nouveau. Mais « on a désiré, a dit le rapporteur, se rapprocher du code de commerce. En limitant le cercle dans lequel la société peut choisir un mandataire, on court le risque de la priver du concours d'une personne étrangère dont les lumières et les aptitudes spéciales peuvent être l'instrument de sa fortune. La durée limitée du mandat et sa nature révocable n'offrent-elles pas de suffisantes garanties ? Nous avons cru concilier la pensée du projet avec l'intérêt bien entendu de la société en autorisant les administrateurs à se substituer un mandataire étranger, si les statuts le permettent, à la condition d'en être responsables envers la société. Si les administrateurs n'avaient pas été déclarés responsables du mandataire qu'ils se seraient substitué, leur responsabilité eût pu être contestée, malgré les termes de l'article 1994 du code civil, car cet article s'applique exclusivement au mandataire qui n'a pas reçu le pouvoir de substituer, ou qui l'a reçu sans désignation de la personne, et qui dans ce dernier cas a fait choix d'un incapable ou d'un insolvable ».

Maintenant, que faut-il entendre par ces mots :

mandataire étranger ? L'homme qui dirige une usine, des opérations industrielles, encore une fois, n'est pas un mandataire, mais un agent ; et il ne perd le caractère d'un mandataire que lorsqu'il reçoit tout ou partie des pouvoirs des administrateurs, lorsque, par exemple, il a la signature.

Et quant à savoir s'il est ou non étranger, il faut se reporter sur ce point encore aux travaux préparatoires. Nous reproduisons simplement la discussion qui a eu lieu, et que l'on trouve au *Moniteur* du 5 juin 1869 : « M. le rapporteur, demande M. Lanjuinais, estime-t-il qu'un directeur ou mandataire qui aurait dix, cent, mille actions soit un associé ou un étranger ? Voila ce que vous dites dans votre article : « se substituer un mandataire étranger à la société ». C'est de celui-là que le conseil d'administration est responsable. Eh bien, je vous demande ceci : Suffit-il que le mandataire ainsi nommé soit lui-même possesseur d'actions, pour qu'il cesse d'être étranger à la société ? — M. LE RAPPORTEUR : Incontestablement. — M. LANJUINAIS : Eh bien ! alors votre article est parfaitement inutile ; il suffira d'avoir une action de 500 francs pour être le mandataire associé dont les administrateurs sont responsables. — M. LE RAPPORTEUR : Je vous demande pardon. Il y a dans le projet de loi une disposition que l'honorable vicomte de Lanjuinais perd de vue : c'est la disposition aux termes de laquelle, sans que la loi détermine la quotité de la somme engagée dans la responsabilité des membres du conseil d'administration, les statuts déterminent librement la proportion d'actions représentant le capital social qui sera affecté d'une façon intégrale à la garantie de la gestion. Les actionnaires useront librement de la faculté que la loi leur donne, et de deux choses l'une, ou le directeur dont nous nous occupons en ce moment aura en sa possession le nombre d'actions déterminé par les statuts, ou il ne l'aura pas ; s'il ne l'a pas, il sera étranger à la société ; s'il le possède au contraire, il sera dans les conditions des administrateurs, dans les conditions statutaires, et alors choisi par ses collègues, associé lui-même, il n'échappe à aucune responsabilité ; il sera enveloppé, à titre de membre du conseil d'administration, dans la responsabilité collective que les statuts de la loi auront déterminée. — M. LANJUINAIS : L'observation de l'honorable rapporteur est satisfaisante, mais à une condition, c'est qu'il y ait un changement de rédaction. L'article dit simplement que le mandataire ne doit pas être étranger à la société. Cela ne suffit pas : il faudrait dire dans quelles proportions il est nécessaire qu'il soit associé ; sans cela vous aurez des procès. »

Il suit de ces explications que : être étranger à la société, c'est tout simplement être incapable de faire partie du conseil d'administration ; or, pour en faire partie, il n'est pas nécessaire d'être propriétaire d'un nombre déterminé d'actions, il suffit d'en posséder une, puisque c'est l'ensemble des actions des administrateurs qui forme le fond de garantie, — donc, à notre avis, contrairement à ce qu'a soutenu le rapporteur devant le Corps législatif, il n'y a d'*étrangers* que ceux qui ne possèdent pas une seule action.

Et ceux-là seulement, en dehors d'une disposition formelle des statuts, seront incapables d'être choisis comme directeurs.

— Au point de vue de la révocabilité, comme pour les administrateurs du reste, il n'y a pas lieu de distinguer entre le directeur statutaire et le directeur nommé soit par le conseil d'administration, soit par l'assemblée générale : il est en tous cas révocable *ad nutum* (voir pages 3 et 4).

2. *Fonctions du directeur.*

Les obligations des directeurs dans les sociétés anonymes varient avec les statuts. En tous cependant on retrouve à peu près la même formule : « Le directeur est chargé de l'exécution des délibérations et arrêtés du conseil d'administration ».

Le directeur est là pour *agir* d'une façon permanente. Le conseil décide, l'administrateur délégué surveille et assiste le directeur, celui-ci exécute.

Il conduit le travail des bureaux, il soumet au conseil le règlement de toutes sommes, pertes ou frais à la charge de la société. Il effectue les recettes et les dépenses ; il donne reçu, quittances et décharges. Il signe la correspondance générale. Il propose la nomination et la révocation de tous les agents et employés de la société.

Tout cela d'ailleurs est réglementé d'une façon particulière dans chaque société. L'on ne peut donner en pareille matière qu'un aperçu très général.

Et il suit de cet aperçu que les directeurs ne peuvent pas en général être rendus responsables des actes de mauvaise gestion, puisqu'ils se bornent le plus souvent à exécuter les ordres du conseil d'administration. En pareil cas, celui-ci seul est responsable. La Cour de cassation a même décidé que le conseil d'administration est responsable d'avoir mal surveillé les agissements du directeur (1). Les agissements de celui-ci

---

(1) Cass. 13 janvier 1869. (D. 70, 2, 67).

n'engagent sa responsabilité que lorsqu'il procède de sa propre initiative.

Et lorsqu'il procède de sa propre initiative, et lorsqu'il n'est pas le mandataire du conseil d'administration, il n'y a pas lieu d'appliquer alors le § 2 de l'article 22 de la loi de 1867 (qui rend *obligatoirement* le mandant responsable de toute faute de son mandataire) (1). Et à plus forte raison, les administrateurs ne sont pas responsables des fautes commises par le directeur lorsqu'il est justifié que celui-ci a agi contrairement aux instructions expresses du conseil d'administration (2).

Le directeur reste alors tenu personnellement.

_____

(1) Cass. 11 juillet 1870. (D. 71, 1, 137).
(2) Paris, 30 juillet 1867. (D. 67, 2, 238).

PREMIÈRE PARTIE

RESPONSABILITÉ CIVILE DES ADMINISTRATEURS

CHAPITRE PREMIER

Fondement juridique

Une personne est responsable :

1° Quand elle viole ses engagements particuliers;

2° Quand, en dehors de toute convention, elle cause quelque dommage à autrui. C'est la responsabilité contractuelle et c'est la responsabilité délictuelle. Nous les étudierons successivement.

PREMIÈRE SECTION

Responsabilité contractuelle

Un contrat est la rencontre et le concours de volontés libres. « C'est, dit l'article 1101 du code civil, une convention par laquelle une ou plusieurs personnes s'obligent envers une ou plusieurs autres à donner, à faire ou à ne pas faire quelque chose. » Les volontés unies des parties forment un lien de droit ; les lois reconnaissent et protègent ce lien ; et celle des parties qui viole ses engagements, *sans excuse valable*, est responsable de cette violation : l'inexécution du contrat fait présumer la faute.

Le contrat qui lie les administrateurs à la société anonyme est un contrat de mandat (art. 22 de la loi de 1867), convention par laquelle l'une des parties donne à l'autre, qui l'accepte, le pouvoir de la représenter pour l'accomplissement de un ou plusieurs actes juridiques. Or, quelles sont les obligations du mandataire dont la violation le met en faute, c'est-à-dire entraîne sa responsabilité ? Il est, dit l'article 1991 du code civil, « tenu d'accomplir le mandat tant qu'il en demeure chargé, et répond des dommages-intérêts qui résultent de son inexécution. »

Ces mots *tant qu'il en demeure chargé* font allusion au droit qui appartient au mandant de révoquer le mandat et au mandataire lui-même d'y renoncer. Quant à la diligence que doit apporter le mandataire, « c'est celle d'un bon père de famille. Il répond de la *culpa levis in abstracto*. Toutefois, le juge devra se montrer un peu plus sévère dans son appréciation, si le mandat est salarié. » (Baudry-Lacantinerie.) C'est ce qui résulte de l'article 1992 ainsi conçu : « Le mandataire répond non seulement du dol, mais encore des fautes qu'il commet dans sa gestion. Néanmoins, la responsabilité relative aux fautes est appliquée moins rigoureusement à celui dont le mandat est gratuit qu'à celui qui reçoit un salaire. »

DEUXIÈME SECTION

Responsabilité délictuelle

Il s'agit ici de l'infraction au devoir qui nous est imposé à tous également de respecter le droit des autres : l'infraction à ce précepte n'est pas nécessairement une atteinte à l'ordre public, ce peut être un délit civil qui affecte seulement les intérêts privés.

La faute contractuelle aussi n'atteint que des intérêts privés ; mais les droits lésés par elle sont créés par la convention des parties, tandis que les droits lésés par la faute délictuelle existent en dehors de tout contrat particulier ; et l'article 1382 du code civil est conçu dans les termes les plus généraux : « Tout fait quelconque de l'homme qui cause à autrui un dommage oblige celui par la faute duquel il est arrivé à le réparer. » Les éléments de la responsabilité sont donc ici au nombre de trois : le fait, la faute et le dommage.

En matière contractuelle la faute est l'inexécution du contrat, avons-nous dit, de la part d'un agent libre. En matière délictuelle elle consiste, en dehors de toute convention, dans l'accomplissement d'un fait nuisible à autrui, que d'ailleurs aucune loi n'autorise, ou dans l'omission dommageable d'un fait ordonné par la loi. L'imputabilité ici encore, du reste, a pour condition nécessaire la liberté de l'acteur.

Il suit de cette définition que la faute ne peut jamais être présumée. Pour le demandeur en justice la charge est donc plus lourde ici qu'en matière de contrats. Cette charge de la preuve s'étend contre les administrateurs des sociétés anonymes :

1° A toute violation de la loi pénale, notamment à la violation des articles 13, 14, 15 de la loi de 1867, et de l'article 405 du code pénal ; d'où naissent contre eux une action pénale et une action civile;

2° Aux délits civils des administrateurs, « faits par lesquels, selon Pothier, une personne par dol ou malignité cause du dommage ou quelque tort à un autre; »

3° A leurs quasi-délits, « faits par lesquels, selon le même auteur, une personne, sans malignité, mais par une imprudence qui n'est pas excusable, cause quelque tort à une autre. »

TROISIÈME SECTION

Coexistence de la faute contractuelle et de la faute délictuelle.

Il n'est pas toujours facile de déterminer si l'on se trouve en présence d'une responsabilité contractuelle ou délictuelle. Les fautes contractuelles peuvent être considérées comme de véritables délits, et d'autre part tous les délits prévus par la loi de 1867 pourraient être regardés comme des fautes de gestion ; l'administrateur n'a pas exactement rempli ses devoirs de mandataire. La répartition de dividendes fictifs est même citée par l'article 44 comme exemple de faute de gestion, et l'article 15, § 3 décide que cette même répartition est un délit.

La distinction que nous avons faite contre les fautes contractuelles et les fautes délictuelles et donc surtout théorique. Elle contribue à la simplicité du plan. A la vérité dans la pratique ces deux espèces de fautes se rencontrent à chaque pas, coexistant, mêlées l'une à l'autre.

Elles n'en continuent pas moins de différer dans leur origine et dans leurs conséquences, au point de vue notamment des dommages-intérêts et de la preuve à faire. Comme on ne peut agir deux fois pour un même fait, c'est aux intéressés à décider quelle est la plus avantageuse, en telle hypothèse particulière, de l'action de l'article 1382 ou de l'action *mandati*.

CHAPITRE II

Faits qui engendrent la responsabilité civile des administrateurs.—Caractères et étendue de cette responsabilité.

Il nous paraît simple de suivre la marche logique des faits. La société anonyme naît, vit et meurt. De sa naissance à sa mort elle est entre les mains des administrateurs ; à chaque phase de son existence la responsabilité de ceux-ci peut être mise en cause. Nous suivrons ces diverses phases.

PREMIÈRE SECTION

Responsabilité civile des administrateurs à la naissance de la société.

§ 1er. — Nullité de la société.

Causes de nullité. — L'article 41 de la loi du 24 juillet 1867 déclare « nulle et de nul effet à l'égard des intéressés toute société anonyme pour laquelle n'ont pas été observées les dispositions des articles 22, 23, 24 et 25 » de la même loi.

L'article 23 prescrit un minimum de sept associés.

L'article 24 ordonne : 1° la souscription intégrale du capital social ; 2° « le versement en espèces, par chaque actionnaire, du montant des actions ou coupons d'actions souscrits par lui lorsqu'elles n'excèdent pas 25 francs, et du quart au moins des actions lorsqu'elles sont de 100 fr. et au-dessus. » (1) La loi ne dit rien des actions dont la valeur est de plus de 25 et de moins de 100 francs.

Quel sera le versement à faire sur ces actions ? et par exemple sur celles dont le montant aura été fixé à 50 francs ? Sera-t-il du montant intégral de l'action, par assimilation aux actions de 25 francs, ou d'un quart, par assimilation aux actions de 100 francs et au-dessus ? Aucune de ces deux alternatives ne paraît acceptable. En pareil cas, il semble que le versement doive être toujours de 25 francs, quelque soit le montant nominal de l'action. « Le souscripteur d'une action de 50 francs ne peut être tenu d'en faire le versement intégral puisque celui d'une action de 100 francs ne versera que 25 francs. Il ne peut être autorisé non plus à n'en verser que le quart, c'est-à-dire 12 fr. 50, alors qu'un versement de 25 francs s'impose au souscripteur d'une action n'excédant pas 25 francs. Si, dans l'hypothèse où l'on se place, un versement ne saurait être inférieur, ni supérieur au versement de 25 francs déclaré obligatoire par la loi nouvelle pour les actions de 25 francs et de 100 francs, la conclusion à en tirer est forcée : le taux minimum du versement se référant aux actions intermédiaires que cette loi a omis de viser sera nécessairement de 25 francs. Le versement de 25 francs au moins devient donc commun : aux actions de 25 fr. qu'il libérera intégra-

---

(1) Article 1er, § 2 de la loi du 1er août 1893.

lement ; aux actions qui excèdent 25 francs, mais qui n'atteignent pas 100 fr., qu'il libérera partiellement, mais au delà d'un quart ; aux actions de 100 francs, qu'il libérera jusqu'à concurrence du quart. » (1)

3° L'article 24 — déclarant applicable aux sociétés anonymes l'article 2 de notre loi — décide encore que « les apports qui ne consistent pas en numéraire » ainsi que « la stipulation d'avantages particuliers »

---

(1) D. Supplém. au répert. Société n° 1234. Deux autres systèmes ont été proposés :

a) Le versement du quart serait suffisant sur les titres supérieurs à 25 francs et inférieurs à 100 francs. En effet le droit commun est le versement du quart ; le versement intégral est exceptionnel, une disposition de la loi peut seule l'exiger.

On répond que le législateur, en exigeant le versement intégral pour les actions de 25 francs, a entendu prohiber tout verment inférieur à ce chiffre, à cause du danger que présentent pour les petits capitalistes des versements de 6, 7 ou 10 francs par exemple. — En outre le droit commun est-il bien le versement du quart ? Il l'était sous l'empire de la loi de 1867, mais il ne l'est plus aujourd'hui.

b) Les actions supérieures à 25 francs et inférieures à 100 fr. devraient être intégralement libérées. — Les actions de 25 francs s'adressent à la petite épargne et il est mauvais d'offrir à la petite épargne des titres non intégralement libérés. D'autre part il est mauvais pour les grandes sociétés d'avoir nécessairement tout leur capital en caisse au jour de leur constitution. D'où la distinction des petites sociétés où le versement doit être intégral et des grandes sociétés où il peut n'être que partiel. Et les petites sociétés sont celles dont le capital n'excède pas 200,000 francs. Les titres de ces sociétés sont les titres de 25 à 100 francs : donc les titres de 25 à 100 francs s'adressent à la petite épargne et doivent êtres libérés intégralement.

Cette thèse aboutit à cette situation singulière qu'il faut verser 50 francs sur une action de 50 francs, tandis que 25 francs suffiront pour une action de 100 francs. — En outre les sociétés dont le capital n'excède pas 200,000 francs ne sont pas obligées d'émettre des actions de 25 francs, c'est pour elles une simple faculté, et c'est assez pour enlever toute autorité à ce système.

doivent être appréciés par une première assemblée
générale et approuvés par une seconde après la communication d'un rapport aux actionnaires ; les actions
représentant les apports en nature doivent toujours
être intégralement libérées au moment de la constitution de la société.

4° L'article 1ᵉʳ étant en vertu de l'article 24 également applicable aux sociétés anonymes, les fondateurs
doivent faire, au greffe de la justice de paix et du tribunal de commerce du lieu dans lequel est établie la
société une déclaration de la constitution de la société ;
si l'acte constitutif de la société est sous seing privé,
un double suffira ; s'il est notarié, il en faudra une
expédition, et, pour se conformer à l'article 55, l'on y
annexera dans tous les cas : *a)* une expédition de
l'acte notarié constatant la souscription du capital
social et le versement du quart ou de la totalité sur
chaque action ; *b)* une copie certifiée des délibérations
prises par l'assemblée générale sur les apports qui ne
consistent pas en numéraire et les avantages particuliers ; *f)* la liste nominative, dûment certifiée des souscripteurs, contenant leurs noms, prénoms, qualités,
demeure et leur nombre d'actions ; dans le délai d'un
mois un extrait de l'acte constitutif et des pièces an-
nexées doit être publié dans un journal d'annonces
légales ; le défaut de ces formalités ne pourra pas être
opposé aux tiers par les associés.

5° Les actions ou coupons d'actions sont négociables
après le versement du quart pour les actions de cent
francs, de la totalité pour celles de vingt-cinq ; et les
actions représentant des apports (1) en nature ne le
sont que deux ans après la constitution de la société.

(1) Art. 3 de la loi du 1ᵉʳ août 1893.

6° Toutes ces actions sont nominatives jusqu'à leur entière libération.

D'après l'article 22, « les sociétés anonymes sont administrées par un ou plusieurs mandataires à temps, révocables, salariés ou gratuits, pris parmi les associés ».

L'article 25 enfin prescrit la convocation d'une assemblée générale « à la diligence des fondateurs, postérieurement à l'acte qui constate la souscription du capital social et le versement du quart du capital (ou de la totalité suivant les cas) capital qui consiste en numéraire. Cette assemblée nomme les premiers administrateurs... Le procès-verbal de la séance constate l'acceptation des administrateurs et des commissaires présents à la séance. La société est constituée à partir de cette acceptation. »

Article Ier. — *Quels administrateurs sont responsables ?*

Il convient de donner le texte de l'article 42 : « Lorsque la nullité de la société ou des actes et délibérations a été prononcée aux termes de l'article précédent, les fondateurs auxquels la nullité est imputable et les administrateurs en fonctions au moment où elle a été encourue sont responsables solidairement envers les tiers et les actionnaires du dommage résultant de cette annulation ».

D'après cet article, les administrateurs peuvent être responsables de la nullité de la société. Quand et comment le sont-ils ? Il nous reste à le chercher. Nous tenions à reproduire le texte même des articles dont l'inobservation entraîne la nullité de la société : nous devons trouver en eux une réponse à notre question.

Et d'abord l'article 42 à lui seul ne la donne-t-il pas
en termes précis? « Les administrateurs *en fonctions*
au moment où la nullité a été encourue, dit il, sont
responsables *solidairement* envers les *tiers* et envers les *actionnaires* ». Ils sont responsables de la
nullité, de tous les cas de nullité. Pourquoi? parce
qu'ils sont en fonctions. C'est le texte même de la loi.
Les administrateurs en fonctions lors de la *constitution* de la société doivent *constituer* une société
valable. « C'est le corollaire de l'obligation où ils sont
de porter à la connaissance du public l'existence de la
société qu'ils sont chargés d'administrer (1) ». Les
articles 55, 56, 57, 58, 59 et 60, modifiant d'ailleurs
l'article 42 du code de commerce et la loi du 31 mars
1833, prescrivent la publication des actes constitutifs
des sociétés commerciales, et pour les sociétés anonymes
spécialement, chargent de cette publication les administrateurs.

Avant cette publication, ne doit-on pas s'assurer de
la viabilité de la société? L'équité pure et la loi le
commandent. Certains membres d'une société sont
chargés par leurs collègues de veiller aux intérêts
communs. Or, la loi déclare nécessaire à l'existence
même de la société l'exécution de plusieurs formalités
définies avec soin et confiées par elle à ces membres
choisis. Elle impose en outre à ces derniers l'obligation de faire connaître publiquement l'exécution de
ces formalités. On ne saurait souffrir des déclarations
inexactes (2). Il faut donc en conclure ceci : les admi-

---

(1) DALLOZ. Supplément au Répertoire. Sociétés, n° 1388. —
Poitiers, 26 juillet 1886. D. 89. 1. 245.

(2) Art. 56 *in fine* de la loi du 24 juillet 1867. La sanction es
la nullité à l'égard des associés ; mais le défaut de ces formalités ne pourra être opposé aux tiers par les associés.

nistrateurs obligés à ces publications et répondant de leur exactitude répondent aussi de l'exécution des formalités annoncées en ces mêmes publications. Et voilà comment un administrateur sera par exemple responsable du défaut de versement du quart du capital social.

L'article 42 frappe les administrateurs « en fonctions ». Cette expression *en fonctions* a soulevé quelques difficultés. Sur le sens exact de ce mot, différents systèmes ont été produits.

Un premier système, le plus favorable aux administrateurs, les exonère de toute responsabilité en ce qui concerne la nullité de la société.

On donne à l'appui de cette opinion divers arguments. Le tribunal de Montpellier l'a soutenue, s'appuyant sur un rapprochement et une comparaison des articles 8 et 42. L'article 8 voulant imposer aux membres des conseils de surveillance des sociétés en commandite la responsabilité résultant des violations de la loi, n'a pas restreint cette responsabilité au cas où ils seraient en fonctions quand la nullité a été encourue. Il les a déclarés purement et simplement engagés par l'inaccomplissement des formalités prescrites en ces articles. Si la même obligation avait dû peser sur les administrateurs des sociétés anonymes, cette rédaction eût été reproduite par l'article 42. En outre, l'article 6 de la même loi de 1867 impose au premier conseil de surveillance des sociétés en commandite le soin d'examiner si les dispositions des articles précédents ont été observées, dispositions qu'on ne retrouve pas s'appliquant aux sociétés anonymes (1).

_____

(1) Montpellier, 5 février 1880. *Journal des Sociétés*, 1880, p. 193.

Cet argument de texte semblant peut-être insuffi-
sant, les partisans de ce système nous en opposent
d'autres, plus sérieux au fond. On peut discuter le
texte et les mots mêmes de nos anciens codes. Mais les
lois nouvelles ne sont plus rédigées avec une exactitude qui permette de tirer des preuves de l'harmonie
ou de la concordance des articles. Or, disent MM. Mathieu et Bourguignat, défenseurs de la théorie que
nous exposons, l'article 42 vise d'abord : la nullité de
la société, puis, en second lieu, la nullité des actes et
délibérations. De la nullité de ces actes et délibérations, les administrateurs en fonctions au moment où
ils interviennent sont responsables, et ces actes sont
nuls s'ils ne sont pas publiés dans les formes prescrites par les articles 55 et 56. L'article 61 le déclare formellement. Mais pour la nullité de la société, c'est aux
seuls fondateurs qu'il faut s'en prendre. Comment
pourrait-on la reprocher aux administrateurs? Ils ne
peuvent être responsables qu'après leur acceptation
et leur acceptation est toujours postérieure au fait ini-
tial qui vicie la société. Les fondateurs et les administrateurs ne peuvent être responsables ensemble, car
dès que le conseil d'administration entre en fonctions,
le rôle des fondateurs cesse (1) : ici la nullité n'est
imputable qu'aux fondateurs.

Or, ce raisonnement est inexact : car l'article 5 de
la loi de 1893 suppose précisément cette responsabilité cumulative (2). Les fondateurs et les administrateurs peuvent être ensemble responsables de l'annulation de la société. L'article 5 dont nous venons de
parler les déclare solidairement tenus envers les tiers

---

(1) ALAUZET. Code de commerce, t. 2, n° 759.
(2) Complétant la loi du 24 juillet 1867.

et les actionnaires du dommage résultant de cette *annulation*, et l'on ne voit pas dans quelle autre hypothèse ce résultat se produirait puisqu'en effet les fondateurs disparaissent dès que les administrateurs entrent en scène.

Un deuxième système, s'attachant uniquement à la date de la nomination, frappe les administrateurs nommés par les statuts, mais exonère encore ceux nommés par l'assemblée générale. Les premiers sont en fonctions dès l'origine et sont par conséquent responsables des fautes de constitution qu'ils ont commises ou laissé commettre. Mais les seconds sont élus seulement après l'accomplissement des formalités constitutives. Dès lors, dit-on, comment leur imputer une nullité qu'il leur était impossible d'empêcher ?

En résumé, suivant le premier système, on ne pourrait jamais reprocher aux administrateurs la nullité de la société ; d'après le second, cette nullité ne pourrait être imputée qu'aux administrateurs nommés par les statuts.

Quand est commise l'irrégularité qui vicie la société, les administrateurs nommés par l'assemblée générale ne sont pas encore en fonctions, nous le voulons bien. Les formalités constitutives doivent en effet être remplies avant la réunion de l'assemblée générale. Mais la nullité non plus n'est pas encourue à l'instant précis où l'irrégularité se produit. Celle-ci n'est que le germe de la nullité qui frappe la société seulement lorsqu'elle existe. Car comment déclarer nul ce qui n'est pas ? Et la société n'existe, et n'est constituée, que par l'acceptation des administrateurs.

C'est donc à l'instant même où les administrateurs sont nommés que la nullité se produit, et les administrateurs choisis par l'assemblée générale sont alors

en fonctions aussi bien que les administrateurs statutaires et rentrent comme eux dans les termes de
l'article 42.

En somme, il faut entendre ainsi cet article : les
administrateurs nommés soit par les statuts, soit par
la première assemblée, sont responsables de la nullité
de la société. Il n'y a pas à distinguer entre les administrateurs selon leur origine. Il n'y a pas à distinguer
entre la nullité de la société et la nullité des actes et
délibérations. Nous en avons donné le motif : les
administrateurs font connaître au public l'existence
d'une société, cette société doit être viable ; à eux
de faire en sorte qu'à sa naissance elle ne soit pas
atteinte de vices mortels.

La doctrine est divisée sur ce point, mais les partis
sont inégaux. Les auteurs sont en majorité de notre
avis, tels MM. Bédarride, Boistel, Lyon-Caen et
Renault, Choppard. Pour la jurisprudence, elle est
unanime dans le même sens ; on rencontre comme
exception un seul jugement du tribunal de Montpellier (1) et le tribunal a oublié que les administrateurs sont effectivement en fonctions quand intervient la nullité.

Tout cela ne concerne ni les administrateurs nommés postérieurement à la constitution de la société (2),

_____

(1) 5 février 1898. Cité plus haut.
(2) Ceux-ci sont pourtant responsables selon les termes de
l'article 44 (responsabilité de droit commun), lorsqu'il est
établi qu'ils ont concouru à des actes dolosifs et notamment à
des délibérations ou opérations ayant pour objet de prolonger
la vie commerciale de la société nulle au préjudice des créanciers sociaux antérieurs ou postérieurs à leur nomination.
Leur responsabilité peut avoir sa cause dans les vices de constitution de la société et notamment dans l'inobservation des

ni les administrateurs nommés lors de cette constitution, mais qui démissionnent dès que leur nomination
leur est connue (1).

Les cours d'appel et la cour de cassation sont una-
nimes et nombreux sont les arrêts qu'elles ont rendus
à ce sujet (2). La jurisprudence est donc fixée : pratiquement, c'est un point important à connaître, on
peut toujours s'en prendre non seulement à certains
actionnaires (3), non seulement aux fondateurs, mais
aux *premiers administrateurs* encore, de la nullité
de la société.

Article II. — *Qui peut agir en responsabilité ?*

Nous savons contre qui l'on agit en responsabilité
pour cause de nullité de la société. Cherchons qui
peut agir ainsi.

Les personnes qui peuvent se prévaloir de la nullité
peuvent aussi naturellement la provoquer : s'il n'y a
pas d'action sans intérêt, tout intérêt réciproquement
donne une action, toute personne intéressée aura le
droit d'agir en responsabilité. Quels sont donc les
intéressés ?

Les *associés* d'abord : leur droit d'agir tant en

---

conditions de souscription intégrale et de versement prescrites
par les articles 1 et 23 combinés. Elle est alors encourue si l'on
peut leur imputer, non seulement de ne s'être pas assurés de
la sincérité de la déclaration concernant cette souscription et
de ces versements, mais d'en avoir sciemment accepté la
déclaration frauduleuse ; ils peuvent alors être condamnés au
paiement du passif social envers les tiers auxquels ils ont fait
croire à un capital social qui n'existait pas.

(1) Paris, 8 janvier 1886. D. 86, 2, 216.
(2) Poitiers, 26 janvier 1885. D. 89, 1, 345.
(3) Art. 42 in fine.

nullité qu'en responsabilité est absolu ; ce droit appartient aux nouveaux actionnaires comme aux souscripteurs primitifs. Leur intérêt à tous est de ne pas entrer dans une société qui peut toujours être annulée sur la demande d'un tiers.

Quant aux auteurs de l'infraction cause de la nullité, s'ils peuvent bien demander cette nullité pour les mêmes motifs que tout autre membre de la société, sans aucun doute cependant ils ne sauraient être admis à poursuivre quoi que ce soit, puisqu'ils sont les premiers coupables, les vrais responsables.

Cette exception mise à part, le droit des associés à la double action dont nous venons de parler est général (1). La Cour de cassation a bien décidé que le sociétaire dont les actions ont été vendues parce qu'il n'avait pas répondu lors d'un appel de fonds, n'est pas recevable en une telle demande. Mais pourquoi ? Tout simplement parce que cet individu n'est plus actionnaire. Il n'a plus d'intérêt dans les choses de la société.

Les créanciers personnels des associés exercent également ces actions. C'est la loi commune. Ils peuvent user de leur doit sur les sommes attribuées à leurs débiteurs, qu'elles proviennent par exemple de l'actif mis en commun, ou qu'elles soient une forme de l'indemnité due par un fondateur ou par un administrateur déclaré responsable..... C'est la règle ordi-

---

(1) L'associé doit prouver sa qualité d'associé. Cette preuve ressort de la production d'un titre d'action. Cependant les acheteurs d'actions nominatives d'une société anonyme qui ne figurent ni sur les listes des souscripteurs originaires, ni sur les registres de transfert de la société, n'ont pas qualité pour intenter une demande en nullité de la société ou en responsabilité des administrateurs.

naire, avons-nous dit, et qui, sans difficulté, s'applique encore aux créanciers sociaux. Ils sont essentiellement des tiers intéressés selon les termes des articles 7 et 41 de la loi de 1867.

Cette expression « tiers intéressés » est importante. Elle nous apprend quand les actions en nullité ou en responsabilité deviennent irrecevables ; l'adjectif « intéressé » devant s'appliquer non seulement aux tiers, mais aux associés encore. La demande en nullité intentée dans le but précis de profiter des responsabilités imputables aux administrateurs doit être rejetée s'il est reconnu que la ruine de la société vient non pas d'un vice de sa constitution, mais d'une mauvaise gestion ou d'opérations malheureuses (1). Quand le désastre de la société ne vient pas des premiers administrateurs en fonctions auxquels on puisse reprocher des fautes essentielles, le droit qu'on a d'attaquer ces derniers fait qu'on a le devoir de négliger les autres : encore une fois l'on ne doit pas agir sans intérêt. La rédaction nouvelle de l'article 42 modifié par la loi de 1893 nous dit que les fondateurs et administrateurs sont responsables du *dommage* résultant de l'*annulation* de la société. L'annulation toute seule n'entraîne donc pas la responsabilité des premiers administrateurs, il faut encore qu'elle ait causé quelque préjudice. Et quand c'est une mauvaise administration qui a causé le préjudice dont on se plaint, c'est aux auteurs de cette administration mauvaise qu'il faut s'en prendre, et non pas à des hommes qui, sans doute, ont irrégulièrement établi la société, mais dont les irrégularités n'ont pu nuire à personne. Suppo-

---

(1) Cour de La Réunion, 16 juin 1876. D. 78. 2. 201.

sons une société dont les affaires périclitent par la
faute de ceux qui la dirigent : il y a dans la constitution de cette société des causes de nullité, par exemple sur certaines actions de vingt-cinq francs la totalité des versements n'a pas été faite. Afin d'arrêter les
opérations les associés font prononcer la nullité, c'est
un droit absolu ; mais comme leurs intérêts dans notre
.hypothèse n'ont pas souffert du non-versement total,
comme c'est une mauvaise gestion qui leur a nui,
c'est contre les auteurs de cette gestion, non contre
ceux de la cause de la nullité, qu'ils devront diriger
leur action en responsabilité.

Article 3. — Effets de la nullité prononcée.

I. — Responsabilité solidaire.

Nous avons vu quels administrateurs sont responsables de la nullité de la société. Nous savons quelles
personnes peuvent invoquer contre eux cette responsabilité. Il nous reste à en étudier les caractères et
l'étendue.

C'est à l'article 42 de la loi de 1867 qu'il nous faut
revenir encore. Il crée la responsabilité des administrateurs et la caractérise : elle est solidaire tant à
l'égard des actionnaires qu'à l'égard des tiers. Elle ne
l'est à vrai dire au profit des actionnaires que depuis
la loi du 1er août 1893. Le législateur de 1867 n'avait
parlé sur ce point que des tiers : et sa distinction, difficile à expliquer, était une source de complications, la
violation du mandat étant une faute en somme aussi
grave que celle de l'article 1382 du code civil.

Or, vis-à-vis des actionnaires les administrateurs
étaient uniquement tenus selon le droit commun :

aux termes de l'article 1995 code civil, à moins de stipulation formelle, il n'y a pas de solidarité « entre les
personnes auxquelles un mandat a été décerné conjointement » et les administrateurs sont les mandataires des actionnaires.

La jurisprudence admettait cependant un cas où les
administrateurs pouvaient être tenus *in solidum*, le
cas où, collectivement, ils commettraient une faute
préjudiciable, un quasi-délit. Car l'obligation de réparer le dommage, quand la cause du dommage est indivisible, incombe, dit-on, solidairement aux coauteurs
ou du moins doit être prononcée contre chacun d'eux
pour le tout. Les administrateurs d'une société tombée en faillite et déclarée nulle, ayant, de concert avec
les fondateurs et un banquier « faussement affirmé
qu'ils avaient reçu le quart sur les actions souscrites » (1), la solidarité fut prononcée contre eux par la
Cour de cassation (2).

Or, une importante modification a été apportée par
la loi du 1er août 1893 : Les personnes dont parle l'article 42 deviennent « solidairement responsables envers les actionnaires et envers les tiers. » Expressions
très nettes et très simples, qui ne laissent place à
aucune controverse.

Il ne reste plus qu'à appliquer les principes du code
civil. — Le tiers ou l'actionnaire lésé peut s'adresser
à celui des administrateurs qu'il lui plaît de choisir
(art. 1203) ; il a d'ailleurs le droit d'arrêter les poursuites ainsi commencées, d'agir contre les autres ad-

---

(1) Cass., 16 mai 1892. Affaire Société des Dépôts et Comptes
courants. D. 92. 1. 348.

(2) A tort, pensons-nous. Nous réfutons plus loin (section 2e
du même chapitre) cette théorie.

ministrateurs, ou s'il le préfère, de les poursuivre tous
en même temps (art. 1204) (1). De toutes manières la
prescription est interrompue à l'égard de tous les
débiteurs et tous en même temps sont mis en demeure (art. 1206).

L'administrateur poursuivi de la sorte, et qui paie,
a, selon l'article 1213, le droit de se retourner contre
ses codébiteurs : dans les relations qu'ils ont entre
eux, chacun n'est tenu que de sa part et portion ; comment faire cette répartition ? Elle est établie, selon un
arrêt de la cour de Toulouse (2), au prorata du montant de l'intérêt de chacun dans la société. « La solidarité n'empêche pas la division des conséquences de la
faute, » dit la cour. On tient compte, par conséquent,
du nombre des actions appartenant à chacun de ceux
que l'article 42 déclare tenus solidairement : et l'on
applique ainsi l'article 1213 du code civil.

On objecte : mais l'auteur d'un délit ne saurait
exercer d'action en garantie à l'effet de s'exonérer des
responsabilités encourues par lui. Et quand il est condamné et qu'après sa condamnation il a payé à la victime du délit le total de la réparation qui lui est due,
la jurisprudence lui refuse le droit d'agir au civil contre ses complices pour les obliger à payer une part
des dommages-intérêts. L'auteur d'un délit ne peut
établir en effet qu'il a commis ce délit conjointement
avec d'autres personnes : cette preuve serait immorale,

---

(1) Une action entamée n'éteint pas la créance originaire pour
donner naissance à une créance nouvelle ayant son principe
dans l'action même, et ne pouvant exister, par conséquent, que
contre celui des débiteurs qui y est nommément désigné. —
C'était un effet de la *Litis contestatio* romaine.

(2) 23 mars 1887. D. 87. 2. 233.

de même que l'appel en garantie de ses complices devant la juridiction civile, quand leur culpabilité n'est pas judiciairement établie.

Ce raisonnement est exact lorsqu'il s'agit d'un délit réprimé par la loi pénale. Mais il en est autrement pour le délit civil. Sans doute il est immoral de reprocher à un autre une faute dont on s'est rendu coupable soi-même. Mais le législateur distingue entre la faute punie par le code pénal et la faute défendue par la loi civile. Cette dernière est moins considérée comme une faute en soi punissable — pour l'atteinte qu'elle porte à de graves intérêts moraux et sociaux — que comme une source de dommages-intérêts. Et n'est-ce pas uniquement de dommages-intérêts qu'il s'agit ici?

Le quasi-délit est l'acte volontaire et illicite d'une personne qui, par imprudence ou négligence, cause du dommage à autrui. C'est une atteinte portée à quelque droit, dans la sphère des intérêts privés. Cette atteinte et ce dommage, ne faut-il pas les réparer? Sans doute. Mais faut-il plus encore, doit-on subir une peine? Le législateur ne l'a pas voulu, il n'a pas considéré cette faute comme une infraction, comme une violation de la loi pénale, comme une atteinte aux droits de la société humaine. L'auteur de la faute doit seulement réparer le dommage, et rien ne l'empêche de demander aux coauteurs de ce dommage de contribuer à sa réparation, puisqu'il n'a pas à leur faire ce reproche immoral d'avoir été son complice dans la violation de la loi sociale du pays (1).

---

(1) Ainsi la personne qui emploie de bonne foi un appareil contrefait à un usage civil a un recours contre le contrefacteur lorsqu'on saisit cet appareil entre ses mains. Décision admise sans difficulté. La cour d'Orléans, par un arrêt du 9 août 1850 (D. 51. 2. 146), a reconnu le même principe.

Un sieur Quinard, victime d'un pillage commis par un attrou-

Approuvons donc la jurisprudence. Les administrateurs condamnés à des dommages-intérêts, selon
l'article 42 de la loi de 1867, exerceront un recours
contre tous ceux que cet article déclare tenus, solidairement avec eux. Tous sont responsables au
même titre de l'exécution des prescriptions légales.

Or quelles sont les personnes que l'article 42 déclare
solidairement obligées ?

D'abord les membres du conseil d'administration ;
puis ceux des fondateurs auxquels la nullité se trouve
être imputable ; enfin ceux des associés dont les avantages et les apports n'auraient pas été vérifiés et
approuvés conformément à l'article 24. Ces derniers
sont nommés séparément, dans un second paragraphe, et leur responsabilité a ceci de particulier
que, d'après la loi même, elle *peut* seulement être
prononcée ; « elle est facultative, dit M. Alauzet, les
juges apprécient ; il en est autrement en ce qui concerne les fondateurs et les administrateurs assimilés
aux gérants des sociétés en commandite et dont la
responsabilité est nécessairement engagée. » Relativement à notre sujet cette question a son importance.
Il est utile aux administrateurs déclarés responsables,
et qui paient, de savoir contre quelle personne ils
peuvent se retourner, et qui, réciproquement, peut,
de la même manière, agir contre eux.

Les tiers qui ont participé à la constitution de la

---

pement, avait assigné les communes de Chailly, Lorris et Villemoutiers. La loi du 10 vendémiaire an X rend en ce cas les
communes responsables. Celle de Villemoutiers fut mise hors
de cause par le jugement. Mais les deux autres ayant exercé
contre elle un recours, leur demande fut accueillie. Et là encore
il s'agissait d'une responsabilité quasi-délictuelle, fondée sur ce
que les communes ne s'étaient pas opposées au pillage.

société et que l'on peut considérer comme coauteurs de la faute ou comme complices des administrateurs et fondateurs, sont-ils responsables solidairement avec eux ? — Un banquier chargé de l'encaissement des fonds atteste — de mauvaise foi — qu'il a reçu le quart sur les actions de 100 francs souscrites. Si le quart n'est pas effectivement versé, ne peut-on dire qu'il a contribué grandement à la constitution frauduleuse de la société anonyme, et ne le déclarera-t-on pas obligé solidairement avec les premiers administrateurs et fondateurs à la répartition du préjudice causé tant aux créanciers de la société qu'aux actionnaires ?

La question a été posée devant la Cour de cassation le 21 octobre 1890. Le banquier — c'était la Société des dépôts et comptes courants — fut condamné solidairement avec les administrateurs, et selon la jurisprudence alors en cours, au remboursement intégral du passif social.

On conçoit que l'on ait protesté vivement sous l'empire de cette jurisprudence particulièrement sévère (1) ; les intéressés tenaient à faire comprendre que s'ils avaient violé l'article 1382 du code civil, du moins ils n'étaient en rien obligés selon l'article 42 de la loi de 1867. Et de fait, la Cour de cassation, par des arrêts postérieurs, semble leur avoir donné raison (2).

C'est à cette dernière jurisprudence, à notre avis, qu'il convient de se rapporter. Non pour éviter aux banquiers et aux autres tiers de mauvaise foi le remboursement de tout le passif social. La loi de 1893

---

(1) Voir *infra*, art. 2 du même §.
(2) 18 mars 1891 (D. 91. I. 401.)

n'oblige plus à ce remboursement, il n'y a plus sur ce point de controverse possible. Non pas non plus pour leur épargner une condamnation solidaire, seul motif qui les porterait maintenant à refuser l'application de l'article 42 : leur situation n'est pas fort intéressante. Mais tout simplement parce que cet article 42 précisément ne s'occupe pas d'eux, il n'émet que des dispositions exceptionnelles, il faut l'entendre restrictivement. Il s'écarte du droit commun ou plutôt il écarte du droit commun les fondateurs, les administrateurs et les associés dont les avantages ou les apports en nature ne sont pas légalement vérifiés. Mais à toute autre personne, qu'elle ait traité ou non avec la société anonyme, il demeure inapplicable, notamment aux banquiers qui participent à la création frauduleuse d'une société.

Ceux-ci ne restent pas absolument indemnes : comme fraudeurs, ils tombent sous le coup de l'article 1382 du code civil, et cet article les atteint plus durement que ne ferait l'article 42 de la loi sur les sociétés. Il n'accorde pas aux victimes de la fraude une condamnation solidaire à la vérité, mais il leur permet de faire payer aux auteurs du dol *la totalité du passif social.* (1) Du reste la condamnation pourrait être solidaire encore en vertu de l'article 55 du code pénal si l'on établissait la complicité des fraudeurs dans un acte délictueux ; ce qui arrivera chaque fois qu'ils auraient pris part à l'une des infractions limitativement déterminées par les articles 13 à 16 de la loi de 1867.

Contre les autres administrateurs, les fondateurs et

---

(1) Car le dommage causé par le dol s'étend à la totalité des capitaux perdus. — Voir *infra.*

les associés responsables, l'administrateur qui a payé
peut exercer à son choix deux actions : 1° l'action du
premier créancier qui l'a poursuivi, avec tous ses
accessoires, gages, privilèges ou hypothèques; elle lui
est acquise en vertu de l'article 1251, § 3, c. c.; la
subrogation a lieu de plein droit à l'égard de celui qui,
tenu avec d'autres au paiement d'une dette, avait intérêt à l'acquitter (1); 2° une action de mandat qui naît
dans sa personne : chaque débiteur solidaire est censé
recevoir mandat de représenter ses codébiteurs.

Mais si tous les administrateurs ont été mis en
cause à la première poursuite, la condamnation se
divise entre eux de plein droit. Quel intérêt y a-t-il
alors à obtenir une condamnation solidaire? C'est que,
si l'un d'eux est insolvable, la perte occasionnée par
cette insolvabilité « se répartira par contribution entre
tous les autres codébiteurs solvables ». Le principe
est qu'en pareille matière, ils répondent tous les uns
des autres ; là est l'avantage véritable du créancier. Le
législateur tenait à ce que cette sorte de lien solide
unisse les administrateurs ; tous ont intérêt à ce que
chacun remplisse exactement ses devoirs, ici particulièrement à ce que chacun veille à éviter les causes
de nullité.

Et les motifs de cette responsabilité plus rigoureuse
créée par l'article 42, est-il besoin de les exposer lon-
guement? Le plus grand tort qu'on puisse faire aux
membres d'une société anonyme, n'est-ce pas de rendre annulable cette société? C'est-à-dire de ruiner les

---

(1) Cependant, vu les rapports de confraternité, d'amitié et de
bienveillance qui doivent exister entre les codébiteurs solidai-
res, le débiteur subrogé ne peut exercer contre chacun d'eux
son action que pour sa part et portion.

espérances qu'ils avaient fondées sur elle. Sans doute si la société n'a pas fonctionné, chacun peut reprendre la totalité de ses apports, ou, quand le versement n'en a pas été fait encore, se refuser à l'effectuer. C'est déjà perdre que de ne pas réaliser un bénéfice sur lequel on comptait légitimement.

Il y a encore une autre raison : l'utilité générale. Les nations sont grandement intéressées à ce que les différents groupements qui se forment entre leurs membres soient prospères; mais il doivent être viables d'abord.

Les fautes commises par les administrateurs au cours de l'existence de la société sont punies moins sévèrement, en ce sens que leur responsabilité est moins lourde. Leur tient-on compte de ce que, s'ils ne réussissent pas à faire vivre la société, du moins l'ont-ils fait naître ? Cependant, dit-on, l'article 42 paraît s'appliquer encore aux actes et délibérations annulables. Il est vrai. Mais c'est par une erreur de rédaction qu'il assimile au point de vue de la responsabilité *solidaire*, la nullité de la société elle-même et la nullité des actes et délibérations postérieures à cette constitution quand ils n'ont pas été publiés conformément à la loi (1).

Il parle, en effet, des nullités « prononcées aux termes de l'article précédent », et l'article 41 ne s'occupe que de la nullité qui atteint la société. Que faut-il croire ? L'intention du législateur se révèle dans les modifications successives qu'a subies la rédaction de l'article 41 pendant les travaux législatifs qui ont précédé le vote de la loi du 24 juillet 1867. Dans le projet de loi présenté par le gouvernement, l'article 37 de-

---

(1) Cass., 16 janvier 1878 (S. 78. 1. 441).

venu plus tard l'article 41 contenait un deuxième ali-
néa ainsi conçu : « Sont également nuls les actes et
délibérations désignés dans l'article 23 s'ils n'ont
point été déposés et publiés dans les formes prescrites
par les articles 21 et 22. » Cette disposition fut suppri-
mée lors de la rédaction définitive de la loi, et tout ce
qui est relatif à la publicité des délibérations fut réglé
par les articles 55 56, et 61. Il s'en suit que l'article 42 ne
statue que sur les conséquences de la nullité de la
société et que c'est par une erreur de rédaction que cet
article mentionne les actes et délibérations alors qu'il
n'en est plus question dans l'article précédent. Et la
responsabilité des administrateurs, pour toutes les
infractions à la loi de 1867, autres que celles prévues
par les articles 41 et 42, est réglée par l'article 44 qui
revient au droit commun.

II. — Responsabilité limitée au préjudice causé

Si la loi de 1893 a, d'une part, aggravé la responsabilité des administrateurs en les déclarant tenus solidairement envers les actionnaires comme envers les
tiers, elle l'a réduite d'autre part en la limitant au préjudice causé. Ou, plus exactement, elle a adouci pour
les administrateurs les conséquences que la jurisprudence et certains auteurs tiraient du texte vague de la
loi de 1867. Voici ce texte encore une fois : les personnes visées par l'article 42 étaient dites « solidairement responsables envers les tiers, sans préjudice des
droits des actionnaires ». Mots vagues, disons-nous,
et que justement l'on eût dû, pour ce manque de précision, interpréter selon les règles du droit commun.
L'auteur d'un fait illicite n'est civilement responsable

que s'il y a préjudice causé, dans les limites mêmes de ce préjudice.

Or on ne s'était pas contenté de ce très simple principe. De nombreux arrêts entendaient que les administrateurs étaient responsables à l'égard des tiers de tous les engagements de la société annulée, de la totalité du passif social (1). Envers les actionnaires, ils étaient tenus dans la limite du dommage produit par l'annulation de la société. — En ajoutant ces mots : sans préjudice du droit des actionnaires, la loi semblait distinguer en effet les droits des actionnaires des droits des tiers, et si la responsabilité des administrateurs n'était pas la même envers les uns et les autres, sans doute elle était plus étendue à l'égard des derniers puisque c'était à leur égard déjà que les administrateurs étaient tenus solidairement. En outre la loi les déclarait responsables envers les tiers, mais non pas expressément responsables de la nullité, et l'on pouvait comprendre qu'il s'agissait non pas aussi de la responsabilité née d'une faute précise, mais de celle produite par une situation particulière, qui était la constitution illégale de la société. La société étant illégalement constituée, c'est-à-dire étant nulle, c'est-à-dire en fait ne pouvant pas exister comme société anonyme, les administrateurs prenaient sa place et devaient remplir ses engagements. Et les motifs de cette disposition sont faciles à saisir — nous citons les termes mêmes d'un arrêt de la cour de Paris — : « En matière commerciale il est de principe que tout associé qui traite avec les tiers s'oblige personnellement. Si les administrateurs des sociétés anonymes

(1) Voir notamment un arrêt de Paris, 28 mai 1869. (D. 69. 2. 145.

sont en général exonérés de cette responsabilité, c'est en vertu d'un texte précis et par suite d'une faveur particulière accordée à ces sociétés. Mais dans le cas où la nullité est prononcée, il ne reste plus qu'une société de fait et dont les membres ne sauraient réclamer aucun privilège. »

Cet argument serait irrésistible si les tiers avaient cru traiter en effet non pas avec les représentants d'une société anonyme, mais avec les membres d'une société en nom collectif; et dans le cas où les administrateurs le leur auraient laissé croire, il aurait fallu se ranger au système de la jurisprudence. Mais ce n'est pas notre hypothèse, et quand les tiers savaient qu'ils contractaient avec une société anonyme, aucun motif ne les autorisait à rendre responsables les administrateurs de la totalité des engagements sociaux.

Sans doute la société annulée se transforme en société de fait, mais cet état de fait doit être réglé par le fait lui-même, c'est-à-dire par les conventions des parties : la liquidation des sociétés annulées a bien lieu conformément à leurs statuts, et c'est conformément aux statuts encore et aux lois générales qu'il faut interpréter les contrats passés par les mandataires des associés avec les personnes étrangères à la société.

Les travaux préparatoires confirment cette solution. L'article 42 de la loi de 1867 reproduit l'article 25 de la loi de 1863. Or le texte primitif de cet article était ainsi conçu : « les administrateurs seront responsables de la totalité des dettes sociales. » Puis il fut modifié; les mots « totalité des dettes sociales » disparurent. Le rapport du reste n'en donne pas le motif et l'on s'est contenté de dire que l'intention du législateur était obscure. On nous permettra de ne point partager cet avis. Le premier texte était fort net ; le second est sans doute plus vague ; mais le retranchement de certains mots très clairs est par lui-même une claire explication.

Les auteurs l'avaient presque tous ainsi compris.

L'article 41 du projet de loi voté au Sénat en 1884 limite la responsabilité des administrateurs envers les tiers au dommage résultant de l'annulation. En 1889, le congrès international des sociétés par actions émettait un vœu dans le même sens. Et l'on peut d'autant plus aisément croire aujourd'hui que la jurisprudence se trompait en son excessive sévérité pour les administrateurs, que le législateur de 1893 a condamné sa manière de voir par un texte des plus formels. La discussion que nous venons de rappeler n'a plus qu'un intérêt historique. Les personnes visées par l'article 42 sont désormais responsables solidairement *envers les tiers ou les actionnaires du dommage résultant de l'annulation.*

Il y a relation de cause à effet entre la faute des administrateurs et le préjudice qu'elle a causé ; il s'agit donc de se rendre compte de cette relation : l'étendue de cette faute se mesure en somme à l'étendue de ce préjudice. Sans doute la faute n'a pas la même nature quand elle est commise envers les tiers que quand elle préjudicie seulement aux actionnaires. Elle est vis-à-vis de ceux-ci contractuelle : l'administrateur est leur mandataire. Elle est délictuelle contre les tiers. Mais qu'importe ? L'article 1382 oblige à réparer le dommage causé de même que l'article 1998 déclare que le mandataire répond des dommages-intérêts qui pourraient résulter de l'inexécution du contrat ; de la parité des conséquences on conclut à la parité des causes.

Le législateur, en déclarant tenus solidairement ceux auxquels est due la nullité de la société, s'est montré d'une sévérité toute exceptionnelle. Mais il n'a pas voulu faire plus, et par le nouvel article 42 il a protesté contre une rigueur qui n'était point dans sa pensée : la preuve que cet article est purement interprétatif, c'est que l'article 7 de la loi de 1893 déclare expressément que les dispositions nouvelles s'appliquent aux sociétés constituées sous l'empire de la loi de 1867.

En vain la Cour de Lyon (1) n'a-t-elle pas voulu l'admettre, s'en tenant routinièrement à la vieille jurisprudence. La Cour de cassation (2) a reconnu « que la loi de 1893 est applicable à toutes les sociétés constituées sous l'empire de la loi du 24 juillet 1867, alors même que l'instance aurait été introduite avant la loi de 1893 ».

Donc les administrateurs sont responsables du dommage causé. Mais quel dommage cause la nullité de la société ? D'abord la nullité qui entache une société anonyme peut léser de deux façons bien distinctes les intérêts des actionnaires. Tantôt le vice originaire agit lui-même sans que la nullité ait été prononcée : le quart, par exemple, du capital social n'a pas été versé et il en est résulté une pénurie de fonds de roulement qui, dès l'origine de la société, a été le germe de sa ruine. Tantôt, au contraire, le vice originaire, par lui-même insignifiant, sert de base à l'annulation d'une société prospère : la source d'où les associés tiraient d'abondants bénéfices est tarie (3) ». Mais dans

---

(1) Lyon, 14 juin 1895. (*Revue des Sociétés*, 1895, p. 554).
(2) Cassation, 17 février 1896. (*Revue des Sociétés*, 1896, p. 151).
(3) M. PERCEROU. — *Fondateurs des Sociétés anonymes*. Thèse pour le doctorat.

l'un et l'autre cas les éléments d'appréciation du dommage varieront suivant les espèces, qu'il s'agisse des actionnaires ou qu'il s'agisse des tiers. Aussi ne peut-on admettre les termes d'un arrêt de la Cour de Toulouse du 23 mars 1887, c'est-à-dire antérieur sans doute à la loi de 1893, mais qui, traitant des droits des actionnaires, est aussi contraire à la loi de 1867 et à la jurisprudence alors établie qu'à la loi nouvelle : cette dernière s'est bornée, en effet, à mettre sur le même pied les tiers et les actionnaires. Cet arrêt décide que les actionnaires reprendront l'intégralité du capital apporté par eux (1). Sans doute, d'après l'arcle 1184, la condition résolutoire est toujours sous-entendue dans les contrats synallagmatiques, et quand l'une des parties ne remplit pas ses obligations, les choses doivent être remises en état. Mais comment, vis-à-vis des administrateurs, remettre les choses en état ainsi qu'on le dit ; et les services qu'ils ont rendus, comment les reprendront-ils ? L'article 1184 n'est applicable que dans certains contrats comme la vente où chacun peut rentrer dans son bien. Dans tout autre cas il faut s'en tenir à l'article 1151 : « Quand l'inexécution de la convention résulte du dol du débiteur, les dommages et intérêts ne doivent comprendre à l'égard de la perte éprouvée par le créancier et du gain dont il a été privé que ce qui est une suite immédiate et directe de l'inexécution de la convention. » Et ceci nous ramène à notre article 42 de la loi sur les sociétés : l'administrateur répond seulement du dommage qu'a directement causé l'annulation de la société.

---

(1) Toulouse 23 mars 1887. (D. 87. 2. 233).

Si la société se trouve uniquement ruinée par des spéculations malheureuses entreprises dans la suite par un nouveau conseil d'administration, les premiers administrateurs n'y sont pour rien ; la jurisprudence en ce cas, nous l'avons vu, refuse toute action en nullité — par défaut d'intérêt — si les actionnaires ne demandent cette nullité qu'afin de pouvoir agir en responsabilité contre les administrateurs. Mais la ruine de la société peut être à la fois causée par ces spéculations du nouveau conseil d'administration et par un vice originaire, par le défaut de versement du quart sur les actions de cent francs par exemple. Les actionnaires doivent sans doute rentrer dans leurs fonds. Mais les premiers administrateurs ne sont pas plus responsables que leurs successeurs du malheur survenu. On ne peut dès lors — équitablement ni légalement, — les obliger à rembourser le prix intégral des actions. Et c'est ainsi que, dans un cas analogue, on a vu la Cour de Paris déclarer que les premiers administrateurs ne seraient tenus qu'au paiement d'une somme de vingt-cinq francs sur des actions de cinq cents francs (1). Cette détermination de la part de responsabilité des premiers administrateurs dans la ruine des sociétés anonymes est une question toute de fait, et la déclaration du juge est souveraine et non soumise au contrôle de la Cour de cassation.

Il est un cas pourtant où la responsabilité des administrateurs cesse d'être ainsi limitée. Si les actionnaires prouvent que ce sont des manœuvres dolosives qui les ont déterminés à souscrire, cette responsabilité devra s'étendre à la totalité des capitaux

---

(1) Paris, 12 janvier 1882. Société d'électricité (D. 83. 2. 73).

perdus. Elle a son fondement alors dans l'article 1382. Cet article, il est vrai, n'oblige qu'à la réparation du dommage causé. Mais ici le dommage comprend toujours tout ce que perd l'actionnaire. Car la raison de la perte qu'il éprouve, c'est son entrée dans la société qu'il doit à ces manœuvres frauduleuses. D'ailleurs la responsabilité de l'article 42 subsiste conjointement à celle-ci, limitée toujours au préjudice résultant de la nullité (1).

En usant de l'action née du dol des administrateurs, les demandeurs doivent prouver que ce dol a déterminé leur entrée dans la société et qu'ils n'auraient sans lui ni jamais rien souscrit ni jamais rien acheté. Ainsi l'on rejette une demande de dommages-intérêts quand d'une part il n'est pas établi que la ruine de la société provient d'un vice de constitution, et qu'il n'est pas prouvé d'autre part que des manœuvres frauduleuses ont déterminé les souscriptions d'actions (2). En exemple de manœuvres frauduleuses, on peut citer le fait d'avoir maintenu les actionnaires dans l'ignorance de l'annulabilité de la société.

Au sujet de cette ignorance ou de cette connaissance de l'annulabilité, s'impose une remarque importante. L'actionnaire — nous prenons pour type l'actionnaire, mais depuis 1893 tout ce qui s'applique à lui s'applique encore sans conteste à toute personne qui traite avec la société, — qui connaissait, lors de son entrée dans la société, les causes de nullité, n'est pas admis à se prévaloir de l'article 42. Il savait à quels dangers il s'exposait ; accepter de faire partie de la société,

(1) Cass. 18 mai 1885. (88. 1. 59).
(2) Orléans, 23 juillet 1890, et pourvoi en cassation 9 novembre 1892. (D. 93. 1. 73).

c'était renoncer à toute action en responsabilité. Les administrateurs ne sont donc pas tenus de tout le dommage causé. « Tout le dommage causé » n'est qu'un maximum.

Hors ce cas, les actions en responsabilité sont pleinement recevables. Et si nous disons les actions, c'est que nous entendons parler de l'action née de l'article 1382 comme de celle de l'article 42. Il ne faut pas oublier la coexistence de ces deux sources de responsabilité. Voici les motifs d'un arrêt du 9 novembre 1892, rendu par la Cour de cassation : « Attendu que l'arrêt attaqué déclare *non seulement* que ces fautes (vices de constitution) n'ont pas été la cause des pertes subies par les actionnaires..., mais encore que les demandeurs n'ont pas établi que leur entrée dans la société ait été déterminée soit par *l'ignorance* où ils auraient été *tenus* des vices de la société, soit par des *manœuvres dolosives* qui les auraient décidés à donner le prix moyennant lequel ils ont acquis leurs actions... » C'est d'une très grande importance pour les actionnaires dans le cas d'abord où l'action en nullité leur est refusée, dans tous les cas ensuite où ils croient, en se basant sur le dol des administrateurs, pouvoir obtenir plus qu'en exerçant l'action en responsabilité fondée sur la nullité de la société.

III. — Responsabilité obligatoire

Nous venons de reconnaître à la responsabilité établie par l'article 42 de la loi de 1867 deux caractères distinctifs : elle est solidaire, elle se limite au dommage causé.

Ajoutons encore qu'elle est obligatoire. Elle est obligatoire en ce sens qu'un tribunal ne peut se refuser à

l'admettre du moment que la société se trouve annulée pour violation des articles 1er à 4, 22 à 25 de la loi
du 24 juillet 1867 (art. 42). Les termes de ce dernier
article sont formels en effet, et ne laissent aucune
place à l'arbitraire du juge. L'article 4 de la même loi
s'occupant des membres du conseil de surveillance
des sociétés en commandite dit qu'ils *peuvent* être déclarés responsables de la nullité. C'est affaire aux tribunaux de déclarer quand ils le seront. Mais l'article 42 proclame les administrateurs responsables,
sans autre condition. Ils sont présumés en faute, par
le seul fait de la nullité. Il se peut qu'en apparence on
n'ait aucune faute à leur reprocher, qu'ils aient accepté leurs fonctions croyant toutes les prescriptions
de la loi remplies ; peu importe : une condamnation
solidaire sera prononcée contre eux. Il y a là simple
négligence, plus qu'excusable, si l'on songe à la confiance qu'il leur est permis d'avoir dans les fondateurs : il y a négligence cependant. Mais nous allons
plus loin : leur bonne foi même peut avoir été surprise ; et leur bonne foi n'empêchera pas leur condamnation. C'est ce qui est arrivé pour les fondateurs
et les administrateurs visés par l'arrêt du 9 février
1883 de la Cour de Lyon. Certains d'entre eux s'en
étaient rapporté simplement à leurs collègues au sujet
de la vérification des apports en nature et du versement du premier quart. Ils furent solidairement condamnés. La seule ressource en ce cas serait de prouver
qu'il y a eu *impossibilité* de s'assurer de la régularité
de la société.

C'est ainsi que la Cour de cassation a déclaré, par
un arrêt du 15 juillet 1869, qu'on peut invoquer une
erreur invincible. Les administrateurs et les fondateurs de la société *l'Armoricaine* poursuivis protestè-

rent de leur erreur commune au sujet de la légalité du versement du quart au moyen d'un transfert de titres. Or, l'article 25 de la loi de 1867 exige le versement en numéraire. On accorde en général que ce versement en espèces peut être remplacé par des valeurs de recouvrement immédiat et certain, telles que des bons à vue et des billets de banque. On a même accepté des comptes de chèque et de dépôt. Mais là se borne la tolérance. Cependant, tout en refusant d'agréer les titres présentés, comme les intéressés étaient persuadés de la légalité du procédé, la cour a, fort équitablement, écarté toute responsabilité. Les administrateurs ne sont que des mandataires et le mandataire n'est responsable que de ses fautes. L'article 42 crée sans doute une présomption légale; mais cette présomption ne rentre pas dans les termes de l'article 1352 c. c. et peut être combattue par une preuve contraire. Il ne s'agit pas ici d'une *nullité*, mais d'une action en responsabilité ; cette action, la loi ne la *dénie* pas ; elle la règle.

Mandataire des actionnaires, l'administrateur peut se faire lui-même représenter par un mandataire. Mais les déclarations mensongères de celui-ci l'obligent comme les siennes propres (1). Le mandant est responsable des fautes commises par son mandataire. Il faudrait excepter le cas où celui ci dépasserait les limites de son mandat, mais en ce qui concerne les vérifications à faire pour éviter la nullité de la société, l'on ne voit pas trop comment ces limites pourraient être franchies : car l'administrateur doit s'occuper par lui-même de tout ce qu'il n'aurait pas remis aux soins d'un autre.

---

(1) Amiens, 24 déc. 1886. *Gaz. du Palais*, 87. 1. 414.

L'application de l'article 42 est si rigoureusement obligatoire que l'assemblée générale ne pourrait couvrir les administrateurs coupables d'une fausse déclaration. Des administrateurs qui alléguaient très exactement avoir reçu de la première assemblée générale le mandat de déclarer la souscription d'un capital réduit furent néanmoins condamnés devant la Chambre des requêtes par arrêt du 19 juillet 1888 (1). La Cour a considéré la responsabilité créée par l'article 42 comme une mesure d'ordre public. Elle a bien jugé. Toutes les précautions prises par le législateur contre les audaces et les habiletés des sociétés financières sont d'ordre public. Car enfin les actionnaires — membres des assemblées générales — ne sont pas seuls intéressés en de telles opérations. Les tiers, tous ceux qui peuvent traiter dans l'avenir avec cette société, doivent, tout autant qu'eux, être protégés. Et les actionnaires encore, le législateur n'a-t-il pas cru bon de les défendre contre eux-mêmes?

§ 2. — CAUSES DE RESPONSABILITÉ, AUTRES QUE LA NULLITÉ, LORS DE LA CONSTITUTION DE LA SOCIÉTÉ

En dehors de la nullité, d'autres causes, d'autres faits peuvent, lors de la constitution de la société anonyme, entraîner la responsabilité de ses administrateurs.

La loi de 1867 a érigé en délit un certain nombre de fautes que nous nous proposons d'étudier au point de vue pénal dans la seconde partie de notre travail. Mais pour être complet, et puisque les auteurs des

_____

(1) D. 89. 1. 345.

délits sont responsables civilement du préjudice qu'ils causent, nous voulons rappeler ici les principaux d'entre eux.

Ils ne nous sont pas inconnus : les articles 1, 2, 3, 4 et 24 de la loi du 24 juillet 1869, en énonçant les causes de nullité, font d'eux une sorte d'énumération ; mais ce n'est point parce qu'ils peuvent causer la nullité de la société, c'est parce qu'ils sont nuisibles par eux-mêmes que nous en parlons ici.

Article Iᵉʳ.— *Souscription intégrale du capital social et verse-ment du quart sur les actions de cent francs et plus, de la totalité sur les actions qui n'excèdent pas 25 francs* (1).

C'est aux fondateurs et aux administrateurs qu'il appartient de justifier que le capital social a été souscrit intégralement au moment de la constitution de la société (2), puisqu'ils doivent, nous l'avons démontré plus haut, s'assurer que la souscription et le versement ont été effectués.

Si le manque de prospérité de la société vient exclusivement de l'influence du capital primitivement réalisé, les actionnaires lésés peuvent baser leur action sur ce fait : ils obtiendront des administrateurs la réparation du préjudice que leur a causé cette insuffisance de capital, sans être obligés de demander la nullité de la société, l'existence de celle-ci pouvant malgré tout leur être de quelque avantage.

Lorsque le vice originaire est réparé, lorsque la

---

(1) Pour les actions de plus de 25 et de moins de 100 francs., voir page 44.

(2) Trib. commerce Seine, 13 juillet 1885 (*Journal trib. com.* 1886, p. 211.

souscription du capital et le versement sur chaque action ont été régulièrement, quoique tardivement opérés, l'action en responsabilité subsiste-t-elle ?

Les administrateurs sont en faute pour n'avoir pas, quand et comme il le fallait, rempli leur mandat. Mais une faute qui ne nuit plus à personne ne donne plus naissance à aucune action. Toutefois si, par le fait de la souscription ou des versements tardifs, des intérêts ont été lésés, si la société se trouve frappée comme d'une maladie constitutionnelle dont elle ne se relèvera plus, l'action en responsabilité subsiste de ce fait et pour la réparation de ce fait : car il importe peu que le vice originaire n'existe plus, lorsque ses conséquences fâcheuses demeurent encore.

La condamnation que les actionnaires obtiendraient contre les administrateurs ne sera pas de plein droit solidaire ; l'article 42 ne parle expressément que du cas de nullité.

Article II. — *Publicité qui doit être donnée à l'acte de constitution.*

Les premiers administrateurs doivent faire publier l'acte de société. Les articles 55 et 56 donnent, pour accomplir ces formalités que nous avons exposées plus haut, un délai d'un mois qui commence à courir du jour de la constitution de la société, c'est-à-dire du jour où les administrateurs nommés acceptent leurs fonctions. Si donc ces derniers n'ont pas, dans les formes et dans le délai voulu, publié l'acte de société, ou s'ils ont fait une publication insuffisante, ils doivent être rendus responsables.

C'est ici encore une responsabilité distincte de celle que peut entraîner l'annulation de la société. Par exemple les administrateurs ayant omis d'annexer à leur déclaration la copie certifiée des délibérations prises par l'assemblée générale au sujet des apports faits par les associés et des avantages particuliers qui leur sont concédés, quelques personnes trompées par cette omission sont entrées dans la société alors qu'elles n'en auraient jamais voulu faire partie si elles avaient connu les avantages exagérés accordés par l'assemblée générale. Elles non plus ne demandent pas la nullité de la société, mais seulement la compensation de ce que leur a fait perdre une erreur involontaire, produite par la faute des administrateurs.

Article III. — *Approbation des apports et des avantages particuliers.*

Quand, dans l'acte constitutif d'une société anonyme, un certain nombre d'associés se sont obligés à apporter des valeurs ou des biens qui ne consistent pas en numéraire, l'assemblée générale doit, aux termes de la loi, les faire vérifier. Ne pouvant opérer cette vérification, elle nomme des commissaires à cet effet. Or, les administrateurs sont responsables des agissements de ces derniers. Et si, le rapport ayant été préparé par l'un des fondateurs et sous son inspiration, les commissaires n'ont fait qu'y apposer leur signature sans prendre le soin de les lire, les administrateurs en sont responsables (1). Ils doivent reconnaître, dès leur entrée en fonctions, si la base sur

---

(1) Amiens, 24 décembre 1886. *Gaz. du Pal.* 81, 1, 414.

laquelle la société est établie n'en compromet pas la marche régulière. Les administrateurs qui ne s'astreignent pas à cette vérification, et qui néanmoins offrent au public les actions sociales au moyen de prospectus couverts de leurs noms pour en recommander l'achat violent leur mandat en violant la loi ; ils sont obligés vis-à-vis des tiers qui ne seraient pas entrés dans cette société s'ils avaient connu son vice originaire, mais qui pourtant, une fois qu'ils en font partie, ne veulent ni en sortir, ni demander sa nullité.

Les tribunaux tiennent compte des différentes situations. Ils sont plus sévères pour l'administrateur qui a été l'instigateur de la majoration des apports destinés à tromper les tiers sur la valeur réelle des actions et à les amener à s'en rendre acquéreurs, que pour celui qui, coupable d'une simple négligence, a seulement omis les vérifications légales. Mais du reste cette négligence peut à elle seule les faire déclarer responsables, car si la responsabilité de l'article 1382 ne résulte pas en général d'une abstention ou d'une approbation tacite, il en est autrement quand cette approbation ou cette abstention viennent en violation d'une obligation formelle et qu'elles ont été la cause réelle du dommage subi.

Pour apprécier le préjudice causé par la majoration des apports, il suffit d'établir une comparaison entre la valeur donnée aux actions à l'émission et ce qu'aurait été réellement cette valeur si les apports n'avaient pas été majorés, la différence représentant la perte réelle et directe subie par les actionnaires (1).

Ce que nous venons de dire des apports qui ne con-

---

(1) *Pandectes françaises*, t. III. Adm. Sociétés anonymes, n° 368.

sistent pas en numéraire s'applique aussi sans conteste aux avantages particuliers accordés à certains actionnaires lors de leur entrée dans la société.

Responsabilité des administrateurs au cours de l'existence de la société.

L'article 44 de la loi de 1867 régit toute cette matière ; il est ainsi conçu : « Les administrateurs sont responsables conformément aux règles du droit commun, individuellement ou solidairement suivant les cas, envers la société ou envers les tiers, soit des infractions aux dispositions de la présente loi, soit des fautes qu'ils auraient commises dans leur gestion, notamment en distribuant ou en laissant distribuer sans opposition des dividendes fictifs. »

Les administrateurs sont donc responsables de toute faute commise dans leur gestion, c'est-à-dire de toute violation de leur mandat général d'administrer, de toute violation du mandat spécial dont ils sont revêtus par les statuts de la société, de toute infraction enfin aux dispositions de la loi de 1867, laquelle, en dehors et au-dessus des règlements particuliers, notamment par les articles 24, 25, 26, 27, 37 et 40, précise également leur mandat.

Vis-à-vis des tiers, tout fait quelconque des administrateurs qui cause aux tiers un dommage, oblige ceux par la faute desquels il est arrivé à le réparer.

6

§ 1ᵉʳ. — Causes de la responsabilité.

Article Iᵉʳ. — *Responsabilité des administrateurs vis-à-vis de la société et de ses membres.*

I. — Fautes de gestion ordinaires.

Il s'agit ici des actes de mauvaise administration. Les administrateurs, restant dans les limites de leurs pouvoirs, les accomplissent de bonne foi, sans violer les statuts.

Mais ils commettent des *fautes*.

Et ces fautes *lèsent* des intérêts.

Ces deux conditions sont suffisantes, mais nécessaires, pour engager leur responsabilité.

En étudiant le fondement de la responsabilité des administrateurs nous avons exposé que la faute contractuelle est l'inexécution du contrat, c'est-à-dire ici la mauvaise administration de la société par ses mandataires.

Ainsi les administrateurs qui ont la faculté de placer les capitaux de la société n'ont pas le droit d'employer ces capitaux au rachat des propres actions de la société. Ce rachat diminue le capital social et porte atteinte à l'un des éléments essentiels du contrat : le tribunal de commerce de Toulouse a condamné les administrateurs, qui avaient ainsi racheté des actions, à restituer à la liquidation de la société les sommes qu'ils avaient puisées dans la caisse sociale pour ce rachat, et à indemniser la société des conséquences dommageables que cette faute avait entraînées (1).

Suivant les principes généraux il peut y avoir faute en dehors du dol et de la fraude. La Cour de Paris ayant repoussé, par un arrêt du 5 août 1884, une demande faite contre les administrateurs de la Compagnie des Tourbières de Dreuthe, sous ce prétexte qu'ils n'avaient commis ni *dol* ni *fraude,* a vu sa décision cassée par la cour suprême (2), laquelle a déclaré que les administrateurs étaient coupables de *fautes* et qu'il y avait lieu d'appliquer l'article 44 de la loi de 1867. Il est aisé de distinguer le dol de la faute : il n'y a pas en celle-ci d'intention coupable.

Ce que nous appelons faute — entre mandataire et mandant — est une simple négligence, une maladresse ; nuisible aux tiers et contenant un élément de culpabilité morale, on l'appellerait quasi-délit. La Cour de Paris, en un autre arrêt, a reconnu qu'il y avait une faute « dans ce fait qu'un conseil d'administration avait toléré une émission de traites hors de proportion avec l'état financier de la société (3). » A l'échéance il y eut impossibilité de payer les traites, et déclaration de faillite par jugement du tribunal de la Seine. Les administrateurs furent déclarés personnellement responsables pour leur imprudence.

L'appréciation de la faute est une simple question de fait. Cependant, si tout acte de mauvaise administration préjudiciable aux intérêts de la société fait présumer la faute, cette présomption tombe devant

---

(1) Trib. comm. Toulouse, 25 mai 1886. — *Rev. des Sociétés,* 1887, p. 69.

(2) Cass., 18 mai 1887 (D. 87. 1. 400).

(3) Paris, 30 juillet 1867. (D. 67. 2. 238).

la preuve contraire. L'élément moral n'est pas absent plus qu'en matière délictuelle, puisque la faute morale est toujours présumée : mais le mandataire peut se défendre, établir que la présomption légale est, en telle espèce particulière, mal fondée : le juge du fond décidera souverainement s'il y a faute ou non. Il relèvera les circonstances caractéristiques, sans se contenter alors d'alléguer un préjudice dont aurait souffert la société — les administrateurs ne sont pas maîtres des cas fortuits — et devra montrer qu'il y avait un lien de cause à effet entre ce préjudice et la faute. Il est évident qu'il faut tenir compte de la diligence et de la bonne foi des administrateurs : « En ce qui touche la fixation des dommages-intérêts, attendu que pour apprécier équitablement la condamnation à prononcer contre les défendeurs, il importe de prendre en considération, d'une part, leur parfaite honorabilité et leur éclatante bonne foi, à laquelle les demandeurs n'ont cessé de rendre hommage ; d'autre part, que leur mandat était gratuit et qu'ainsi la responsabilité doit, aux termes de l'article 1992 du code civil, leur être appliquée moins rigoureusement que s'ils avaient reçu un salaire ; enfin que les défendeurs, outre qu'ils possèdent encore, eux et leurs familles, près de la moitié des actions, sont créanciers en comptes courants de sommes considérables pour lesquelles ils subissent le sort commun ; qu'eu égard à ces circonstances, il échet de réduire considérablement les dommages-intérêts. » (1) Le tribunal de commerce de Nantes a même décidé que « les simples erreurs inévitables et inhérentes à toute gestion commerciale

---

(1) Trib. Colmar, confirmé par la Cour d'appel 3 juillet 1867. (D. 67. 2. 235) et en cassation 3 janvier 1869. (D. 70. 1. 67).

n'engagent pas la responsabilité des administrateurs » (1), et que du reste pour apprécier exactement
cette responsabilité il faut tenir compte de trois faits :
1° que les administrateurs ont plus que tous autres
intérêt à la réussite de l'affaire ; 2° que les actionnaires sont associés à une entreprise commerciale, aléa-
toire de sa nature ; 3° que les comptes et rapports
présentés annuellement aux assemblées générales des
actionnaires ont été approuvés par elle (2).

De même que l'administrateur est admis à prouver
qu'il n'est pas en faute, il est également admis à prouver que sa faute, contrairement à la présomption
légale (voir chapitre Ier), n'a pas été préjudiciable à la
société : « Lorsqu'une compagnie d'assurances a
déposé deux fois par an, au ministère et au greffe,
conformément au décret d'autorisation, des états présentant la situation active et passive de la société, et
que, de plus, chaque année, les administrateurs ont
soumis à l'assemblée générale un compte qui contenait tous les éléments indiqués par le code de commerce comme essentiels à l'inventaire (c'est-à-dire
l'énumération des effets mobiliers et les dettes actives
et passives de la société), alors même qu'ils ne se
seraient pas conformés aux prescriptions de l'article 9
code comm. en ce qui concerne la tenue du registre
spécial sur lequel doivent être copiés les inventaires,
année par année, l'absence de ce registre ne constitue
pas une lacune qui ait pu empêcher les actionnaires
de se rendre compte de la situation de la société, et,

---

(1) Trib. de comm. Nantes, 26 juin 1886. *Revue des Sociétés,*
1887, p. 79.
(2) Trib. de comm. Nantes, 20 juin 1885. *Jurisprudence commerciale et maritime de Nantes,* 85. 1. 161.

par suite, elle ne leur a causé aucun préjudice, les bilans annuels répondant aux exigences légales » (1)·

En dépit de ce droit de légitime défense, la situation des administrateurs est dangereuse, leur responsabilité se trouve parfois rapidement engagée. Un coup d'audace devient facilement une faute : il y a qu'à ne pas réussir.

Si toutefois l'assemblée générale qui nomme les administrateurs avait eu connaissance du caractère aventureux et des façons ordinaires de procéder des personnes qu'elle choisit pour ses mandataires, ni la société ni ses membres ne seraient admis à se plaindre. Il y a dans ce cas faute de part et d'autre (2), on devra faire une sorte de compensation, la compensation des torts réciproques. On ne peut pas profiter de sa propre imprudence. De même, les administrateurs ne sauraient opposer leur incapacité : « Ils ne doivent pas, dans ces conditions, accepter des fonctions qu'ils ne sont pas aptes à remplir (3).

II. — Excès de pouvoir.

A. — Violation des règles générales du mandat.

Nous avons rappelé, dans l'exposé fait plus haut, des droits et des devoirs des administrateurs, l'article 1988 du code civil dont nous citons les propres termes : « *Le mandat conçu en termes généraux*

---

(1) Trib. Seine, 22 mars 1886. *Pandectes françaises*, t. II. Adm. Sociét. anonymes, n° 467.

(2) Angers, 11 janvier 1867 (D. 67. 2. 19). — Caen, 16 août 1864 (D. 65. 2. 192).

(3) Angers, 28 juillet 1881 (*La Loi*, 3 août 1881).

n'embrasse que les actes d'administration ; s'il s'agit d'aliéner ou d'hypothéquer ou de quelque autre acte de propriété, le mandat doit être exprès. » En dehors des *fautes de gestion ordinaires* — fautes administratives, fautes en matière technique, fautes en matière financière — les administrateurs peuvent donc commettre des *excès de pouvoir*.

1. — Les administrateurs ne peuvent aliéner les immeubles de la société sans l'autorisation d'une assemblée générale ; la personne morale que constitue la société est seule propriétaire du fonds social, elle seule, par conséquent, a le droit d'en disposer. On excepte le cas où le but et l'objet de la société sont précisément d'opérer des achats et des ventes ; les administrateurs alors sont présumés avoir reçu les pouvoirs nécessaires pour ces opérations.

Or, qu'arrive-t-il si le conseil d'administration aliène sans autorisation une partie dudit fonds social, les immeubles par exemple ?

D'abord il est tenu personnellement envers les tiers avec lesquels il a traité, à moins que ces tiers n'aient connu la situation, n'aient su que le conseil n'avait pas le droit d'engager la société, n'aient entendu traiter en somme qu'à leur propre péril. Alors ils ont couru la chance et risqué la partie ; ils la perdent si la société ne ratifie pas la convention. En tout autre cas ils ont le droit d'exiger du conseil d'administration l'exécution du contrat. .

Ensuite la société n'est pas engagée par ses mandataires quand ils dépassent leur mandat. Ils ont fait plus qu'ils ne devaient faire, ils ont fait autre chose.

Nous en dirons autant de l'hypothèque, de l'emprunt sur nantissement, de la transaction et de la donation,

de tous les actes de disposition, en somme, pour lesquels ils n'ont pas reçu de pouvoir exprès.

2. — Or, lorsque le conseil d'administration commet ainsi des excès de pouvoir, il peut se trouver dou-
blement obligé par sa faute : envers les tiers et envers
la société. Nous verrons plus loin comment il est obligé
envers les tiers.

En principe, la société n'est jamais engagée par les
excès de pouvoir du conseil d'administration ; elle y
est complètement étrangère, ne figurant au contrat
ni directement comme partie, ni même indirectement
comme mandataire, puisqu'elle n'a point donné au
conseil le mandat de traiter comme il l'a fait. Toutefois si le *contrat* ne l'oblige pas, elle peut être obligée
par le *fait*, c'est-à-dire que si la chose tourne à son
profit, elle est tenue vis-à-vis des tiers dans la mesure
de ce profit lui-même (1). Le président du conseil
d'administration de la Société des Dépôts et Comptes
courants avait passé, le 1er mai 1880, avec un administrateur de la Société du Crédit viager, une convention ayant pour but de réaliser l'actif de cette dernière
société, et d'obtenir ainsi paiement d'une créance de
5,100,000 francs ; mais cette convention était frauddu-
leuse de la part de l'administrateur du Crédit viager
qui faisait perdre à sa société plus de 6 millions, et
d'un autre côté le président du conseil d'administration de la Société des Dépôts et Comptes courants avait
agi seul, en dehors de toute délibération du conseil et
de tout concours des administrateurs désignés pour
suivre les affaires courantes ; or, aux termes des sta-

---

(1) Cass., 6 février 1893. Aff. Société des Dépôts et Comptes
courants (D. 93. 1. 318).

tuts régulièrement publiés, il ne pouvait de la sorte
engager la société ; de tels actes étaient de purs excès
de pouvoir. Mais comme il fut démontré que la société avait profité pour plusieurs millions de l'exécution de la convention, sur le recours du syndic du
Crédit viager la Cour de cassation décida qu'il y avait
lieu d'appliquer l'article 1864 du code civil, et que,
sans qu'il soit besoin d'examiner si les actes du président du conseil d'administration dépassaient ses pouvoirs, la Société des Dépôts et Comptes courants
devait être condamnée à restituer au Crédit viager toutes les sommes qu'elle en avait reçues.

Mais une telle restitution pouvant en définitive causer un certain préjudice à la société, ses administrateurs sont tenus de le réparer.

On rencontre d'autres hypothèses encore où les
actes *nuls* des administrateurs, leurs excès de pouvoir sont dommageables pour la société : une série d'aliénations successives peut faire croire à une
fâcheuse diminution de prospérité dans ses affaires.
En outre la société peut avoir à répondre aux poursuites des tiers, être obligée d'établir en justice que
l'acte dont ils se réclament est nul, qu'ils n'ont rien à
obtenir d'elle ; toute personne injustement appelée
devant la justice a droit à une réparation : et c'est
par la faute des administrateurs que la société se
trouve obligée de prouver qu'elle ne doit rien.

B. — Violation des statuts.

Quand, en violant les statuts, les administrateurs
font autre chose et plus qu'il ne leur est permis, leur
responsabilité se trouve engagée de la même manière
qu'en l'hypothèse précédente.

Entre le mandant et le mandataire le contrat s'est précisé. Le mandat n'est plus ici donné d'une façon générale ; des conditions ont été posées, acceptées par l'administration en même temps qu'il acceptait ses fonctions. Ne pas les remplir, c'est violer ses engagements, violer la loi des parties. La faute apparaît plus nettement que lorsqu'il s'agit de simples actes de mauvaise administration. Ce n'est plus une question d'appréc'ation, c'est une question de fait. Tel administrateur a-t-il fait telle chose qui lui est défendue, n'a-t-il pas fait telle autre qui lui est ordonnée ? Il a commis une faute. Et sa faute a-t-elle porté quelque préjudice aux actionnaires ? Elle l'oblige à réparer ce préjudice.

Supposons que d'après les statuts l'assemblée générale doive être consultée pour un prêt fait à un tiers. Si le conseil d'administration le réalise sans se soumettre à cette formalité, manquant à ses obligations de mandataire, il s'en trouve responsable vis-à-vis de la société.

La jurisprudence interprète largement ces mêmes obligations. La lettre n'importe pas beaucoup si l'esprit est sauvé. « Il n'y a pas de responsabilité pour le conseil d'administration si, par exemple, ayant omis de pratiquer dans les inventaires annuels un certain amortissement prescrit par les statuts, il en a cependant tenu compte d'une façon suffisante pour faire connaître la situation sociale aux intéressés qui, dès lors, n'ont éprouvé aucun préjudice (1). »

A vrai dire cette solution ne s'écarte pas des plus rigoureux principes. La faute toute seule n'entraîne aucune responsabilité, lorsqu'elle ne cause aucun dommage.

---

(1) Cass. 11 juillet 1870. D. 71. 1. 137.

Article II. — *Responsabilité envers les tiers.*

I. — Délits et quasi-délits.

Il faut au moins un quasi-délit de la part des administrateurs pour qu'ils se trouvent responsables envers les tiers ; la responsabilité contractuelle n'existe
pas vis-à-vis d'eux. Nous n'avons pas fait de distinction entre les associés et les tiers quand il s'est agi de
la nullité de la société parce que, selon l'article 42 de
la loi de 1867, les mêmes causes rendent les administrateurs responsables envers les uns et les autres, et
que cette responsabilité dans l'un et l'autre cas a la
même étendue.

Mais ici la faute contractuelle n'est plus forcément
un quasi-délit. Ainsi le fait de garder sous silence,
dans la présentation d'un bilan, la nature véreuse de
certaines créances comprises dans l'actif, est considéré
vis-à-vis des associés comme un manque au devoir
du mandataire de rendre fidèlement compte de ses
actes à ses mandants. Mais les tiers, amenés par ces
manœuvres mensongères à faire des achats d'actions
n'ont pas le droit de se plaindre, étant donné que le
bilan est en somme exact et que les administrateurs
ne sont pas tenus d'entrer vis-à-vis du public en de
pareils détails de comptabilité. Devraient-ils divul-
guer complètement les affaires sociales au risque de
nuire à la société elle-même (1) ?

D'autre part, les administrateurs restent soumis

(1) Paris, 28 juin 1870. (S. 74. 1. 97).

envers tout le monde aux obligations générales que
nous impose la loi, écrite ou naturelle, et dont la violation est punie par l'article 1382 du code civil :
« Dans les sociétés établies par actions et appelant
pour la souscription ou la transmission des actions le
concours du public, les rapports ou les confections
d'inventaires ou bilans par les administrateurs ne
sont pas des actes qui se renferment dans l'intérieur
de la société ; la connaissance doit en être donnée au
dehors, et ces actes sont destinés, suivant l'usage, à
une grande publicité ; il en résulte pour leurs auteurs
le devoir absolu de ne tendre à la foi publique aucun
piège et de ne pas altérer sciemment la vérité sur les
faits qui peuvent déterminer les tiers à courir les
chances d'une entrée dans la société ; manquer à ce
devoir de sincérité est une faute d'autant plus grave
et nécessitent d'autant plus la protection de la loi que,
dans les sociétés se livrant à de vastes opérations et
roulant sur une comptabilité compliquée, il devient
plus facile aux administrateurs de tromper à la fois la
société et le public (1) ». La Cour de Paris expose avec
précision en ces termes la rigueur des devoirs des administrateurs.

Ainsi des obligataires auront une action en indemnité contre les administrateurs à raison des énonciations inexactes du prospectus d'émission, non seulement contre ceux d'entre ces derniers qui auront pris
part à la rédaction de ce prospectus et l'auront ré-
pandu, mais encore contre ceux qui, connaissant ces
erreurs, n'auront pas arrêté la publication (2). Nous
avons déjà vu quelle sera l'étendue de la réparation.

(1) *Pandectes françaises. loc. cit.*, n° 474.
(2) Id., n° 486.

On ne peut en pareille matière que citer des exemples. Nous avons donné les principes de la responsa. bilité délictuelle.

Il y a quasi-délit, de la part des administrateurs, « à négocier les actions par eux souscrites avant leur complète libération, en faisant croire, par l'autorité compétente et le public, à cette libération, et à obtenir ainsi par surprise l'admission des actions de la société à la cote de la Bourse (1) ».

Quasi-délit encore « lorsque les administrateurs, ayant entre les mains leurs parts de fondateurs, manœuvrent de façon à aliéner ces titres sur le marché dans des conditions avantageuses pour eux, mais notamment en refusant d'aliéner les actions en nombre considérable d'un autre souscripteur qui est devenu insolvable, et ce, dans la crainte que la concurrence de ces derniers titres ne fasse échec aux leurs (2) ».

Dans ces deux cas, les tiers acheteurs d'actions ou de parts sont manifestement *lésés*, et les manœuvres des administrateurs sont manifestement *frauduleuses*.

Mais on rencontre des situations plus délicates. Y a-t-il manœuvres frauduleuses dans le fait du conseil d'administration qui, pour exciter le public à acheter des actions, fait paraître dans un journal organe de la société des articles constatant l'accroissement des dividendes et préconisant la hausse des titres ? La Cour de Paris a décidé pour un cas particulier que la fraude n'existait pas. Mais on conçoit très bien qu'elle puisse exister, surtout si le conseil attribuait

(1) Paris, 14 mars 1868. *(Pandectes franç.,* n° 507).
(2) Paris, 11 mars 1887. *(Gaz. du Palais,* 87, 1, 375).

à cet événement futur, la hausse des titres, d'autres motifs que l'accroissement passé des dividendes.

— En somme il nous suffit de dire, puisque nous étudions ici les *causes* de la responsabilité des administrateurs envers les tiers, que tout quasi-délit, tout délit civil, tout délit pénal commis par les administrateurs les oblige à réparer le dommage qu'ils ont ainsi causé.

II. — Excès de pouvoir.

Les contrats que les administrateurs passent au nom de la société ne les engagent pas eux-mêmes : la convention est faite pour la société et elle est aussi faite par elle. Mais selon l'article 1998 du code civil, le mandant n'est plus tenu d'exécuter les engagements pris par le mandataire quand celui-ci dépasse son mandat, quand il commet ce que nous avons appelé des excès de pouvoir. Le mandataire est tenu personnellement ; et c'est ainsi que les administrateurs peuvent se trouver obligés envers les tiers non seulement par leurs actes délictueux, mais encore par des contrats.

Nous avons exposé déjà qu'ils ne sont plus tenus quand les personnes avec lesquelles ils ont traité connaissaient la situation au moment de l'engagement. Elles ont, avons-nous dit, couru volontairement un risque.

Mais si le conseil d'administration avait, en face de ces mêmes personnes, *sciemment* exagéré ses pouvoirs de façon à les tromper, l'on ne pourrait leur reprocher d'avoir eu foi dans ses déclarations. Dès lors, comme la société n'est pas engagée, comme d'autre part les tiers ont le droit d'exiger l'exécution du contrat, c'est aux administrateurs à l'exécuter, ou, s'ils ne le peuvent, à payer des dommages-intérêts. S'ils ont transigé, par exemple, au nom de la société, ce qu'ils n'ont pas le droit de faire, ils devront fournir à l'autre partie la satisfaction qu'elle ont obtenue par cette transaction.

La difficulté seulement est de savoir si la connaissance donnée au tiers est suffisante. Le conseil d'administration d'une société anonyme dont, selon notre hypothèse, le mandat est général, conclut une vente d'immeubles au nom de la société : l'acheteur, s'il est prudent, doit demander au conseil quels sont ses pouvoirs : quel est votre mandat? c'est la question à poser. Quand l'acheteur ne le fait pas, c'est qu'il connaît les circonstances dans lesquelles il se trouve et qu'il veut bien s'engager à ses risques et périls. Il est donc présumé — présomption qui tomberait devant des preuves contraires, appréciées souverainement par les tribunaux — s'être fait communiquer les pouvoirs du conseil d'administration.

Cette limite de la responsabilité des administrateurs est clairement fixée par l'article 1997 du code civil : « le mandataire qui a donné à la partie avec laquelle il contracte en cette qualité une suffisante connaissance de ses pouvoirs (et la tierce partie est présumée avoir reçu cette connaissance) n'est tenue d'aucune garantie pour ce qui a été fait au delà, s'il ne s'y est personnellement soumis.

§ 2. — Caractère et étendue de la responsabilité des administrateurs au cours de l'existence de la société anonyme.

Aux termes de l'article 44 de la loi de 1867, les administatreurs des sociétés anonymes, soit pour infractions à la loi de 1867, soit pour fautes de gestion, soit pour agissements délictueux, sont responsables tantôt individuellement et tantôt solidairement, *selon le droit commun.*

Et c'est en quoi l'article 44 diffère essentiellement de l'article 42, lequel déclare les administrateurs *solidairement* responsables *de plein droit* envers les tiers, et depuis la loi de 1893 envers les actionnaires également.

Article Iᵉʳ. — *Principe : Tous les administrateurs sont personnellement responsables.*

I. — Fautes contractuelles.

En principe, la responsabilité des administrateurs d'une société est purement individuelle. L'article 1995 du code civil nous dit : « Quand il y a plusieurs fondés de pouvoir ou mandataires établis par le même acte, il n'y a de solidarité entre eux qu'autant qu'elle est exprimée. » En d'autres termes la solidarité ne se, présume pas.

Nous avons parlé jusqu'ici, sans attacher d'importance aux termes précis, tantôt de l'administrateur responsable, tantôt des administrateurs et tantôt du conseil d'administration. Le moment est venu de faire sa part à chacun, le plus exactement possible.

Supposons une faute de gestion alléguée contre l'un des administrateurs. Le tribunal doit vérifier si les faits sont démontrés ; puis, afin de définir les responsabilités, rechercher quelle part y a pris l'administrateur actionné.

Du reste la responsabilité encourue en même temps par tous les membres du conseil d'administration n'est pas nécessairement la même ponr tous quant à son étendue. La jurisprudence a fait une distinction « entre ceux qui agissent directement et personnellement, et ceux à qui l'on ne peut reprocher qu'une confiance imprudente ou un manque de surveillance (1) ».

Ces derniers mots demandent quelques développements. Si l'on appliquait purement et simplement les principes généraux du droit civil, il faudrait décider que, dans le silence des statuts, chaque administrateur a le droit d'agir comme s'il était seul, (art. 1857 du code civil). Cependant la pratique constante est que les administrateurs, s'ils sont plusieurs, doivent se concerter et agir concurremment. A tel point que l'acte émané d'un ou de quelques-uns d'entre eux est considéré comme irrégulier. (2)

---

(1) Paris. — Aff. du Crédit mobilier (D. 69. 2. 65.)

(2) C'est un principe du droit commercial que les règles du droit civil ne doivent s'appliquer, même si le code de commerce est muet, qu'à défaut d'un usage constant. — Arrêt du Conseil d'état du 13 décembre 1809 ; à cette époque les arrêts du Conseil d'Etat avaient force obligatoire. Par suite d'un oubli la publicité n'a pas été donnée à cet arrêt, mais son autorité morale n'en subsiste pas moins. — (Voir introduction, page 7).

Faut-il en conclure que chaque membre du conseil d'administration doit être *présumé* responsable, individuellement, des fautes de gestion ? — (Nous ne parlons pas des actes dolosifs et délictueux accomplis hors de toute idée de mandat.) Sans doute : en matière de contrats, le demandeur n'a pas à prouver la faute, mais seulement l'étendue du dommage qui lui a été causé par l'inexécution de la convention ; ici, pour le mandat général d'administrer, que les affaires de la société sont en mauvaise voie, et qu'il en éprouve un préjudice déterminé. Cette preuve faite atteint tous les administrateurs. Puisqu'aucun ne peut agir seul, tous ne sont-ils pas responsables en même temps ?

On objecte : les administrateurs ne doivent assurément pas agir seuls, en droit. Mais ils le peuvent, en fait ; et ils le font. L'acte accompli de la sorte est irrégulier, cela est vrai, mais il n'en existe pas moins, il est nuisible, et cet acte nuisible est l'œuvre d'un seul. Comment en rendre les autres responsables ?

Il est aisé de répondre que les autres doivent s'enquérir des actes de chacun de leurs collègues, et que, s'il leur plaît de les laisser agir seuls, c'est qu'ils consentent alors à partager leur responsabilité. Autrement ils se déchargeraient de leur mandat, — ce qu'ils pensent assurément toujours faire, mais non point de cette façon par trop dissimulée. — C'est ce qui a décidé la Cour de Paris, déclarant « qu'il y a faute de la part des administrateurs à se reporter trop sur l'activité et l'intelligence de leurs collègues, à s'absenter par exemple... » (1).

---

(1) Paris 1er août 1883. (*Journal des Sociétés*, 1884, p. 82.)

Cette faute, d'ailleurs, de tous les membres du conseil d'administration, n'est que présumée. Et la présomption est simple, c'est-à-dire qu'elle tombe devant la preuve contraire. Le sens de la règle que nous venons de poser est donc simplement que les administrateurs ont à faire cette preuve. La Cour de Lyon a décidé « qu'aucune responsabilité n'est encourue par ceux des administrateurs qui, à l'époque où la faute a été commise, résidaient dans une autre ville où ils avaient une mission à remplir pour le compte de la société, et n'ont dès lors pris aucune part à la faute. » (1).

Il n'y avait pas de faute, en effet, à être absent lors de la décision prise, puisque les administrateurs en question étaient absents dans l'intérêt de la société. La seule preuve d'une telle absence les décharge de toute responsabilité. Allons plus loin : « Si les statuts subordonnent la régularité d'un acte au concours d'un nombre déterminé d'administrateurs, l'acte accompli par un nombre d'administrateurs inférieur au chiffre fixé doit être tenu pour irrégulier et ne lie ni la société, ni les associés. » (2). — Sans doute la société n'est pas nécessairement lésée par un tel acte, mais enfin elle pourrait en souffrir. Supposons un prêt ainsi fait. Pour dégager leur responsabilité, les administrateurs *devraient* prouver qu'ils n'ont pu s'y opposer.

Le tribunal de la Seine (3), par un jugement du 8 juin 1894, a déclaré responsable avec ses collègues un administrateur que « le mauvais état de sa santé et

---

(1) Lyon, 17 août. Affaire Lacombe. (D. 66. 2. 194).

(2) DALLOZ. Supplément au répertoire. Société, p. 528.

(3) Seine, 8 juin 1894 — Affaire Société des dépôts et comptes courants, *loc. cit.*

son âge » écartaient des délibérations : il y avait de sa part « négligence dans l'accomplissement du mandat d'administrateur accepté et conservé dans de telles conditions ». Le mandataire est en effet tenu d'accomplir le mandat tant qu'il en est chargé : l'âge et la maladie ne sont pas ici des cas de force majeure exclusifs de la faute contractuelle, puisqu'on a toujours la possibilité de résigner un mandat quand on se sent hors d'état de le remplir.

II. — Délits et quasi-délits. Exception au principe.

La règle que nous venons de poser en matière de faute contractuelle est-elle applicable aux actes délictueux et quasi-délictueux ? C'est-à-dire *tous* les membres du conseil d'administration seront-ils présumés responsables des actes dolosifs ou dommageables dont ont souffert les tiers ? Une personne achète des actions d'une société qu'elle croyait en pleine prospérité sur la foi de rapports mensongers et la publication de faux bilans, et qui se trouve au contraire à la veille de sa ruine, si bien que la valeur des actions baisse considérablement tout d'un coup. Cette personne peut-elle reprocher ces actes dolosifs à un administrateur qui y est resté étranger ?

« C'est, dit Toullier, une sorte de complicité que de ne pas empêcher un acte nuisible quand on en a eu le pouvoir; on doit donc en répondre civilement. » Et les administrateurs ne sont-ils pas tenus sur ce point plus étroitement que tous autres, eux qui, tel en un arrêt déjà cité de la Cour de Rouen, « assument, en acceptant leurs fonctions, l'obligation de gérer dans l'intérêt des tiers comme dans celui de la société ? »

N'exagérons rien. Les obligations des administrateurs sont rigoureuses en effet. Mais il ne faut pas aller jusqu'à permettre aux tiers d'invoquer le contrat de mandat qui lie les administrateurs et la société. Les parties seules sont soumises à la loi qu'elles se sont donnée, et peuvent seules s'en prévaloir. Tous les administrateurs sont tenus vis-à-vis de la Société parce que tous se sont engagés vis-à-vis d'elle en acceptant le mandat. Et sans doute un acte dolosif est la source d'un engagement aussi — engagement qui, selon la rubrique du code civil, se forme sans convention, — mais c'est un engagement qui, comme tous les autres, ne lie que la personne qui l'a pris, la personne auteur de l'acte délictueux, vis-à-vis de celle qui en a souffert.

Et pour la faute délictuelle voici la règle à poser : le demandeur doit prouver la faute, et il doit prouver que cette faute est personnelle à l'administrateur auquel il s'attaque.

Article II. — *Principe : Les administrateurs ne sont pas solidairement responsables.*

I. — Contrats.

L'article 44 de la loi de 1867 nous fait connaître que les administrateurs peuvent être déclarés solidairement responsables, mais il ne nous apprend pas quand ils doivent l'être. Il faut donc recourir au droit commun.

En principe chacun des membres du conseil d'administration répond individuellement et pour sa part des fautes de gestion. Quand en répondent-ils solidairement ?

L'article 1995 du code civil répond : « Quand il y a

plusieurs fondés de pouvoir ou mandataires établis par le même acte, il n'y a de solidarité entre eux qu'autant qu'elle est exprimée. »

N'y aura-t-il donc jamais de solidarité possible entre les administrateurs en dehors d'une disposition formelle des statuts ? Cette solution serait trop absolue. Le législateur, par l'article 1995, n'a pas entendu déroger aux principes généraux, mais protester contre l'antique doctrine romaine.

Et même, le principe admis par une jurisprudence unanime comme par la totalité presque des auteurs est celui-ci : « lorsque la part de chacun de ceux qui ont concouru à la perpétration du fait dommageable n'est pas distincte et reconnaissable, (1) » le créancier peut demander à chacun de ceux-ci la réparation totale du dommage.

« Comment, en effet, serait-il possible de diviser l'ac-
« tion entre eux et de faire à chacun sa part dans la
« dette, puisqu'il n'est pas possible de savoir quel est,
« dans le dommage qu'ils ont causé ensemble, la part
« individuelle de responsabilité de chacun d'eux ?

« D'où il suit que chacun d'eux est réputé avoir
« commis à lui seul le fait dommageable tout entier,
« et qu'il en doit dès lors à lui seul aussi la répara-
« tion tout entière.

« Chacun d'eux sera donc tenu pour le tout — *in*
« *solidum*.

« Cela est incontestable et incontesté » (2).

Telle est la règle posée. A vrai dire, le savant auteur auquel nous empruntons ces lignes entend parler des quasi-délits et non des fautes contractuelles.

---

(1) DEMOLOMBE. *Contrats*, t. 3, n° 280 *bis*.
(2) DEMOLOMBE. *Contrats*, t. 3, n° 280 *bis*.

Mais les motifs sont exactement les mêmes. Et l'impossibilité sur laquelle il se fonde peut se retrouver et se retrouve en effet dans l'inexécution de la convention. La jurisprudence l'a décidé du reste en de nombreux arrêts sans jamais se démentir (1).

Mais elle n'a pour elle aucun texte, et M. Demolombe non plus. Car on ne saurait prétendre appliquer l'article 55 du code pénal aux quasi-délits, moins encore aux fautes contractuelles. Or il est assez délicat de n'avoir aucun texte pour soi, lorsqu'on est contredit d'autre part par le code civil. Tout autre système, prétend-on, se heurterait à une impossibilité. Est-ce en droit une raison péremptoire?

Il y a d'ailleurs plusieurs textes à opposer à cette théorie, et des textes formels. C'est l'article 1202 du code civil : « La solidarité ne se présume point ; il faut qu'elle soit expressément stipulée. Cette règle ne cesse que dans le cas où la solidarité a lieu de plein droit, en vertu d'une disposition de la loi. » Et l'article 1995 déjà cité : « Il n'y a de solidarité entre les mandataires qu'autant qu'elle est exprimée. » Dans le silence du contrat, nous voulons dire dans le silence des statuts, il faut s'en tenir au droit commun, à la responsabilité individuelle. Les mots « expressément stipulée » de l'article 1202, les termes formels de l'article 1995 ne peuvent se trouver tout d'un coup sans valeur à cause de certaines circonstances où leur

---

(1) Cass. 25 février 1879 (D. 80. 1. 20).
Lyon, 17 août 1865 (D. 66. 2. 194).
Paris, 1er août 1868 (D. 69. 2. 125).
Paris, 16 avril 1870 (D. 70. 2. 124).
Rouen, 25 juillet 1887 D. 90. 1. 241).

application rencontrerait quelques difficultés. On en arriverait à violer la loi pour l'appliquer plus facilement.

Ce qu'il faut tourner, ce sont les difficultés et non pas les textes. Voici la situation : les auteurs et les arrêts ne la montrent peut-être pas claire comme elle est. Une faute est commune à plusieurs administrateurs et l'on ne peut déterminer la mesure de la participation de chacun dans les faits incriminés. On les déclare alors solidairement responsables, ou plus exactement responsables *in solidum* (1). C'est-à-dire que le créancier, par l'action sociale, — car nous sommes en matière de fautes contractuelles — aura le droit de poursuivre chacun des débiteurs pour le tout, par cette raison qu'on ne saurait définir ce qu'il devrait demander à chacun en les poursuivant individuellement.

Or cette définition ou cette détermination que, selon les arrêts critiqués, le créancier ne peut faire, — selon la loi, le débiteur poursuivi, s'il a payé, saura l'établir. L'article 1214 du code civil nous dit : « Le codébiteur d'une dette solidaire qui l'a payée en entier ne peut répéter contre les autres que les part et portion de chacun d'eux. » Un des administrateurs a payé toute la dette, et comme les autres administrateurs doivent naturellement contribuer à ce paiement, il exercera son recours contre eux. Selon l'article 1214, chacun paiera sa part et portion.

Et comment la reconnaître, cette part ? Recourons à M. Demolombe lui-même: « Elle est présumée égale pour chacun des débiteurs, sauf la preuve contraire.

---

(1) Pour le sens exact de cette expression, voir page 110.

D'où il suit que chacun d'eux est en effet soumis au recours de celui qui a fait le paiement, pour une part égale et virile, *pro numere virorum*. »

La difficulté se trouve donc résolue : l'impossibilité n'existe plus. Mais nous trouvons la solution tardive. Un créancier et un débiteur ne savent ni l'un ni l'autre quelle portion ils ont à réclamer, l'un à ses débiteurs, l'autre à chacun de ses codébiteurs. Pour le créancier, déclare-t-on, il lui est impossible de connaître jamais sa portion. Pour le débiteur, on établit la plus naturelle des présomptions.

En l'étendant, puisqu'elle est si naturelle, au créancier, l'on restera dans les termes de la loi, l'on appliquera deux textes formels du Code, l'on se conformera surtout aux principes généraux sur la responsabilité civile — nous donnons à cette expression le sens le plus large. La personne déclarée responsable doit réparer le dommage causé par elle, — en tenant compte dans une certaine mesure des circonstances de la faute en matière de contrats ; — tout le dommage, en matière de délits et de quasidélits. L'article 55 du code pénal, en déclarant tenus solidairement les individus condamnés pour un même crime ou pour un même délit, prononce une aggravation de *peine* : une telle infraction est en effet plus répréhensible. Mais le code civil, soit par l'article 1145, soit par les articles 1382 et 1383, n'inflige ni peine ni châtiment : il oblige à une réparation équitable. Pour la procurer, il n'est pas nécessaire de prononcer illégalement une condamnation solidaire.

Donc, en matière civile, les personnes déclarées responsables sont tenues seulement de réparer le dommage qu'elles ont causé.

A la vérité, la prononciation de la solidarité *facilite*

cette réparation. Mais elle n'est *pas nécessaire* ;
encore une fois, « la solidarité ne se présume pas »,
nous citons le code civil.

« La communauté et l'indivisibilité du fait (1) » ne
suffisent pas à créer une obligation solidaire (2). Il
faut encore la loi écrite ou cette autre loi, la convention des parties. Quand la loi l'établit, elle veut d'une
façon particulière protéger un créancier : la base de
toute solidarité légale est à la fois le fait des débiteurs
et l'intérêt du créancier (3) ; le législateur a considéré
ce fait comme assez grave et cet intérêt comme suffi-

---

(1) Larombière, t. II, n° 22.

(2) Telle est l'origine de l'obligation indivisible, mais non pas
celle de l'obligation solidaire. Or il nous est également impossible d'admettre que l'obligation des administrateurs — obligation de payer une indemnité — soit indivisible. Une somme
d'argent n'est pas indivisible *naturâ*. Elle peut le devenir
obligatione ou *solutione*, mais à la suite d'une convention des
parties qui s'obligeraient à lui donner une destination spéciale
indivisible. Où trouver, en notre hypothèse, un accord des
volontés sur ce point ? En acceptant leurs fonctions, les membres du conseil d'administration n'ont pas assigné, — cela est
d'évidence, — une destination indivisible à l'indemnité qui pourrait être due par eux ; ils ne l'ont considérée sous « aucun rapport
qui ne la rende pas susceptible d'exécution partielle » (art.
1218) ; ils ne se sont pas « proposé une fin » qui empêche d'acquitter la dette partiellement (art. 1221), ni rien de semblable.
Il est donc impossible de trouver aucun fondement à l'indivisibilité. (Dissertat. de M. Boistel, sous Dalloz, 79. 1. 281).

(3) Nous ne voulons pas trop nous étendre sur ce point de
droit civil. Mais notre théorie ne s'applique-t-elle pas exactement à la femme veuve qui contracte un second mariage et,
conservant la tutelle de ses enfants du premier lit, en est solidairement responsable avec son nouvel époux (art. 395, 396
c. c.) ; — aux exécuteurs testamentaires solidairement responsables du compte du mobilier (art. 1033 c. c.) ; — au conjoint
survivant et au subrogé tuteur solidairement responsables du
défaut d'inventaire ; — aux emprunteurs conjoints solidairement
responsables envers le prêteur (art. 1887, c. c.) ?

sant. En est-il ainsi dans le contrat de mandat, contrat de bienfaisance, où la partie intéressante est assurément le mandataire ? L'article 2002 déclare les mandants solidairement responsables envers leur mandataire, et, selon l'article 1995, la réciproque *n'a pas lieu,* sauf bien entendu convention contraire.

II. — Quasi-délits.

Ces principes établis font prévoir notre solution pour les quasi-délits et les délits civils : elle est la même. Sans texte spécial, sans convention expresse, il n'y aura jamais de solidarité.

La jurisprudence suit un autre système. Elle prend pour point de départ de la solidarité la faute commune et indivisible, sans distinguer entre fautes contractuelles, délits et quasi-délits. On doit voir là, non pas une sévérité particulière et peut-être compréhensible (si toutefois l'on peut comprendre une sévérité illégale) envers les administrateurs des sociétés anonymes, mais l'application d'une théorie générale. Dans les nombreux arrêts rendus sur la question, l'on retrouve toujours ces mots en quelque sorte sacramentels : « faute commune et indivisible ».

« Attendu, en ce qui concerne l'étendue de la responsabilité des administrateurs, que, s'agissant de faits dommageables qui sont dus en grande partie à leur faute et à leur négligence, et rien ne pouvant, en l'état, faire déterminer la part que chacun y a prise, il y a lieu de les condamner, conjointement et solidairement, à réparer le prejudice qui paraît en être résulté, — que d'ailleurs la solidarité s'induit à bon droit de la loi des 24-29 juillet 1867... (1) ».

---

(1) Grenoble, 6 juillet 1875.

Cet arrêt concerne les fautes de gestion. Pour l'article 44, remarquons qu'il parle d'une responsabilité possible : c'est la solidarité conventionnelle ou bien celle de l'article 55 du code civil.

Mais voici pour les quasi-délits : « La solidarité, bien que n'étant pas de droit et ne devant pas être prononcée nécessairement quand plusieurs personnes ont commis un quasi-délit, s'impose au juge toutes les fois que les auteurs du fait dommageable se sont trouvé réunis dans une action commune et qu'il est impossible de déterminer la part individuelle de chacun dans les faits et dans la responsabilité du dommage. (1) »

La responsabilité des administrateurs qui ont ainsi, par leurs énonciations inexactes, déterminé les obligataires à souscrire, peut être prononcée contre eux solidairement, le dommage provenant de leur faute commune, sans qu'il soit possible de fixer le degré de participation à cette faute (2) ».

La faute commune et indivisible serait donc la base de toute responsabilité.

III. — Délits.

Venons-en maintenant aux faits proprement délictueux tombant sous le coup de la loi pénale. Ici la solidarité se trouve encourue de plein droit, non pas seulement pour la peine même, c'est-à-dire pour les amendes, mais encore, nous dit le texte, pour les restitutions, les dommages-intérêts et les frais. Il n'y a pas de discussion possible d'ailleurs, le texte est assez clair.

---

(1) Cass. 19 février 1890. (D. 90. 1. 241).
(2) Paris, 26 mars 1886. (D. 87. 2. 57).

On comprend une certaine rigueur envers les administrateurs. Ils ont entre les mains de grands intérêts : il importe de protéger ces intérêts. Mais le droit commun nous paraît suffire. En dépit de cette distinction entre fautes contractuelles, quasi-délits et délits, les condamnations seront souvent prononcées contre eux, quelle que soit la cause de ces condamnations. Car un grand nombre de fautes de gestion, violations du mandat, sont en même temps des délits caractérisés par la loi. L'émission d'actions ou de coupons d'actions d'une société constituée contrairement aux prescriptions des articles 1, 2 et 3 de la loi de 1867, est punie d'une amende de 500 à 10.000 francs ; violer la loi sur les sociétés, c'est violer les règles du mandat donné par les associés aux administrateurs, et c'est en même temps commettre un vrai délit. On peut faire la même remarque sur la négociation de ces actions et de ces coupons, la même remarque encore sur la répartition de dividendes fictifs. En ces divers cas, à la suite de l'action sociale en violation du contrat, l'action individuelle peut toujours être exercée. Cette dernière est fondée sur le délit commis et entraîne en conséquence, pour les administrateurs, une condamnation solidaire.

Réglons encore un point qui ne souffre aucune difficulté : la condamnation solidaire est-elle, dans tous les cas, prononcée contre tous les membres du conseil d'administration ? Non, sans doute, mais seulement contre les auteurs du délit (1). Nous ne pourrions faire en termes aussi généraux cette distinction si nous admettions la responsabilité solidaire en

---

(1) Paris, 1869. Crédit mobilier. (D. 69. 2. 65.).

matière de faute contractuelle : nous savons en effet qu'en principe tous les administrateurs sont obligés par la faute — faute de gestion — de l'un ou de quelques-uns d'entre eux.

IV. — Caractères de la solidarité
entre les administrateurs lorsqu'ils sont condamnés au cours
de l'existence de la société anonyme.

Nous venons de voir quand est prononcée la responsabilité solidaire. Mais quels sont les propres caractères de cette solidarité ?

Ce n'est point évidemment d'une solidarité parfaite qu'il s'agit ici. Il faut supposer pour la solidarité parfaite des personnes unies par un intérêt commun et qui, par un mandat tacite, se représentent les unes les autres, et cette idée paraît manifestement inacceptable en matière de délit. Les administrateurs seraient donc simplement tenus *in solidum*, c'est-à-dire tenus de payer chacun la dette entière. Mais les autres effets de la solidarité, quant à la prescription, quant à la valeur des sommations et à celle des demandes en justice, quant à la perte de la chose, ne se produisent pas ici.

C'est également la solution de la jurisprudence pour les fautes contractuelles et les quasi-délits, — là où nous n'admettons pas, nous, la solidarité. Pourquoi, surtout pour la violation du mandat, n'accepte-t-on pas la responsabilité parfaite, n'est-ce point parce que l'on se sent en dehors de la loi, et qu'en présence des termes formels de l'article 1202 l'on n'a pas osé le contredire jusqu'au bout ? Aussi remarquons-nous une grande indécision sur la qualification à donner à cette obligation au tout. Certains arrêts n'ont-ils pas été

jusqu'à parler d'indivisibilité ? L'indivisibilité ? Mais
alors si l'un des administrateurs venait à mourir, chacun de ses héritiers serait tenu pour le tout encore, et
le fondement de leur obligation serait l'impossibilité
de déterminer la part prise par leur auteur dans un
fait coupable ! On recule devant cette iniquité.

Longtemps aussi la Cour de cassation avait proscrit
le mot solidarité. Voici les termes singuliers d'un arrêt de 1889 : « Attendu qu'en admettant qu'il n'y ait
pas lieu de prononcer une condamnation solidaire,
l'indivisibilité de la faute commune constatée par
l'arrêt attaqué devait en tout cas faire déclarer chacun d'eux responsable pour le tout, et que, par conséquent il n'ont pas d'intérêt à critiquer la solution
prononcée.... » Les administrateurs ne seraient donc
pas solidairement responsables ; mais, tenus pour
le tout, ils n'auraient pas d'intérêt à attaquer une
condamnation solidaire. « La Cour, dit M. Boistel,
semble vouloir éviter des expressions qui lui ont paru
peut-être un peu doctrinales. » Nous y voyons surtout
une légitime hésitation à violer l'article 1202.

Ces hésitations ont depuis disparu. Dans un arrêt
du 16 décembre 1891, la cour suprême a décidé
qu' « une faute relevée à l'encontre de deux administrateurs implique, en raison de leur collusion avec un
troisième, une condamnation solidaire avec celui-ci. »

SECTION III

Responsabilité des administrateurs à la dissolution de la société.

§ 1er. — DISSOLUTION PROPREMENT DITE

Article Ier. — *Causes de dissolution.*

Le code civil énumère les causes de dissolution des sociétés en général (article 1865). Mais certaines causes qu'il indique ne s'appliquent pas aux sociétés par actions, et d'autres faits, dont il ne dit rien, sont des motifs dè dissolution de ces sociétés.

Les sociétés anonymes finissent comme toutes les sociétés : 1° « par l'expiration du temps pour lequel elles sont contractées, 2° par l'extinction de la chose ou la consommation de la négociation. » — La mort, l'interdiction ou la déconfiture de l'un des associés, dont parle encore l'article 1865 du code civil, ne peuvent être des causes de dissolution que pour les sociétés de personnes et non pour les sociétés de capitaux. La faillite de la société elle-même n'entraîne pas de plein droit sa dissolution.

La loi de 1867 prévoit d'autres cas où la dissolution de la société peut être demandée : « En cas de perte des trois quarts du capital social, dit l'article 37, les administrateurs sont tenus de réunir l'assemblée générale de tous (1) les actionnaires à l'effet de déci-

---

(1) En fait il suffit que la moitié du capital social soit représentée.

der s'il y a lieu de prononcer la dissolution de la société. » « La résolution de l'assemblée doit dans tous
les cas être rendue publique afin que les tiers sachent
bien que l'assemblée a admis que la société pourrait
continuer à fonctionner malgré la perte d'une partie
notable du capital social (1). »

Comme nous l'avons déjà dit, à défaut pour les
administrateurs de réunir l'assemblée générale, tout
intéressé peut demander la dissolution de la société
devant les tribunaux. Ceux-ci doivent examiner si,
malgré le changement survenu dans sa situation,
la société peut continuer ses opérations : s'ils jugent
qu'avec un quart du capital nominal primitif elle
peut continuer, ils ne devront pas, sur la demande
d'un seul, prononcer la dissolution. Mais ils ne
pourraient rien contre la décision de l'assemblée
générale si, postérieurement, elle déclarait la société
dissoute.

Une autre cause de dissolution est la réduction au-
dessous de sept du nombre des membres de la société.
Comme dans l'hypothèse précédente, la dissolution
n'est pas obligatoire, mais facultative : toutefois elle
ne peut être demandée que devant les tribunaux, —
non plus à l'assemblée générale qui serait composée
de six membres au plus, et trop directement intéressés, — et seulement quant il s'est écoulé un an depuis
que les associés sont moins de sept. — La Cour de cassation a jugé que la réunion de toutes les actions aux
mains d'un seul emporte de plein droit la dissolution
de la société.

Enfin, quand les statuts le permettent, l'assemblée

_____

(1) ROUSSEAU. *Sociétés par actions*, n° 1173.

générale a le droit de prononcer la dissolution de la
société.

La dissolution votée, l'être moral disparaît, il n'y a
plus qu'une indivision. Les administrateurs qui repré-
sentaient la société sont remplacés par un liquidateur
qui représente cette indivision : c'est à lui de régler les
affaires de l'être moral dissous et de procéder au partage.

Article II. — *Responsabilité des administrateurs.*

Aucune de ces causes n'engage d'une manière spéciale la responsabilité des administrateurs. Il ne dépend pas de leur volonté que « le temps pour lequel
la société a été contractée » ne se trouve « expiré ». Il
est de leur devoir de « consommer la négociation. » Si
« la chose est éteinte » par leur faute, si par leur faute
encore la société perd les trois quarts de son capital ou
se trouve réduite à moins de sept membres, ils ne
sont tenus que selon le droit commun, c'est-à-dire
selon les termes de l'article 44 de la loi de 1867 et de
l'article 1382 du code civil.

§ 2. — FUSION — CAUSES, MODES ET RESPONSABILITÉ
DES ADMINISTRATEURS

« La fusion est la réunion de deux ou plusieurs
sociétés, ayant eu jusqu'alors une existence distincte,
de façon à ce qu'elles ne forment plus qu'une seule
société. » (1).

Il en résulte l'extinction de l'une au moins des

(1) ROUSSEAU — *Sociétés par actions,* nº 1215.

sociétés anciennes; celles-ci sont donc dissoutes avant le terme fixé pour leur durée; le concours des volontés de tous les associés, si les statuts n'ont pas prévu et réglé la fusion, est donc nécessaire.

1. — Si l'on crée de toutes pièces une nouvelle société, les sociétés anciennes se trouvant l'une et l'autre dissoutes, il faut remplir de toute nécessité les conditions et les formalités prescrites pour la constitution d'une société. Les anciens administrateurs disparaissent et de nouveaux sont nommés soit par les statuts, soit par l'assemblée générale ; ils deviennent responsables selon l'article 42 de la loi de 1867. Les administrateurs des sociétés primitives restent obligés naturellement par tous les actes qu'ils ont accomplis en cette qualité.

2. — Si l'une des sociétés seulement est dissoute pour se fondre dans l'autre, il n'y a pas création d'une nouvelle société. Cependant l'une au moins des formalités d'origine doit encore être remplie : c'est l'approbation des apports par l'assemblée générale, — approbation dont les administrateurs sont responsables solidairement envers les associés et envers les tiers. En effet la société dissoute apporte tous ses biens à l'autre société, — soit l'actif net, soit l'actif et le passif, à charge par cette dernière de payer le passif — et reçoit des actions en représentation de son apport.

§ 3. — Transformation des sociétés

Article Ier. — Transformations prévues par la loi
du 24 juillet 1867

La loi de 1867 a réglementé trois espèces de transformation en sociétés anonymes des sociétés antérieures à sa promulgation :

1° Transformation des sociétés en commandite par
actions en sociétés anonymes. — L'article 19 exige
pour cette transformation l'autorisation des statuts ;
il ne parle que des sociétés antérieures à la loi, mais
on décide généralement que sa disposition s'étend aux
sociétés créées depuis lors.

Si les statuts n'ont pas prévu la transformation, elle
n'est donc pas possible ; mais l'unanimité des associés peut toujours dissoudre l'ancienne société et la
remplacer par une nouvelle.

Or, dans l'un et l'autre cas, les administrateurs doivent veiller à l'accomplissement des formalités constitutives de la société anonyme.

2° Transformation des sociétés anonymes qui étaient
soumises à l'autorisation gouvernementale. — Avant
la loi de 1867 les sociétés anonymes — à l'exception,
depuis la loi du 23 mai 1863, des sociétés à responsabilité limitée — étaient soumises à l'autorisation du
gouvernement ; cette dernière loi a autorisé les sociétés anonymes anciennes à se placer sous le régime de
la loi de 1867, mais elles ne peuvent le faire qu'en
vertu d'une délibération de l'assemblée générale des
actionnaires, prise en la forme prescrite pour les modifications aux statuts et en vertu d'une autorisation

du gouvernement ; cette autorisation doit être demandée au ministre du commerce.

3° Transformation des sociétés à responsabilité limitée. — Ces sociétés, régies par la loi du 23 mai 1863 (abrogée par l'article 47 de la loi du 24 juillet 1867), peuvent également se transformer en sociétés anonymes en se conformant aux conditions stipulées pour la modification des statuts.

Article II. — *Transformation*
prévue par la loi du 1ᵉʳ août 1893, des sociétés civiles
en sociétés commerciales.

La distinction des sociétés dépend en principe de leur objet et non de leur forme. Il n'appartient pas aux parties de faire, par leur seule volonté, qu'une société civile devienne commerciale ou réciproquement.

Toutefois, ce que ne peuvent les particuliers, le législateur l'a fait. L'article 6 de la loi du 1ᵉʳ août 1873 porte : « Quelque soit leur objet les sociétés en commandite ou anonymes qui seront constituées dans les formes du code de commerce ou de la présente loi seront commerciales et soumises aux usages du commerce. »

Et l'article 7 ajoute : « Les sociétés civiles actuellement constituées sous d'autres formes pourront, si leurs statuts ne s'y opposent pas, se transformer en sociétés en commandite ou anonymes, par décision d'une assemblée générale spécialement convoquée et réunissant les conditions tant de l'acte social que de l'article 31 ci-dessus. »

Il s'en suit que les sociétés *nouvellement constituées*, qui jadis auraient été civiles, *seront* désormais commerciales, quand elles auront pris la forme de la commandite par actions ou de l'anonymat, et que les *anciennes sociétés civiles pourront*, en prenant ces mêmes formes, devenir commerciales.

On leur appliquera donc, dans tous ses détails, la loi de 1867, notamment en ce qui concerne la responsabilité des administrateurs, ses différentes pénalités et les articles 42 et 44.

Des difficultés s'étaient élevées sur ce point avant la loi de 1893. Certaines sociétés civiles prenaient déjà la forme de l'anonymat ; mais quelles en étaient les conséquences ? La jurisprudence, se basant sur le silence de la loi de 1867, refusait d'appliquer les peines établies par cette loi comme de prononcer la responsabilité solidaire de l'article 42 (1). Voici ce que disait la Cour de cassation : « Ces dispositions sont exceptionnelles ; elles doivent, à raison de leur nature même, être restreintes aux hypothèses qui rentrent directement dans les prévisions d'une loi spéciale... » (2).

Mais quelles étaient alors, contre les administrateurs, les garanties des associés ? D'une part on n'exigeait pas, pour ces sociétés anonymes, l'autorisation du gouvernement, dont la nécessité n'existait plus, en effet, depuis 1867 ; mais, d'autre part, on n'appliquait pas non plus les responsabilités nouvelles...

Une réforme s'imposait. Vint la loi du 1er août 1893 qui soumit aux *lois* et usages du commerce toutes les sociétés, même civiles de leur nature, revêtues de la forme de l'anonymat ou de la commandite par actions. La question de la responsabilité des administrateurs était réglée.

---

(1) Trib. civ. de Lille, 15 juin 1885. (*Rev. des Sociét.*, 1885, p. 552). Orléans, 28 juillet 1887. (D. 88. 2. 298).
(2) 9 mai 1879. (D. 79. 1. 315).

Cette question n'était pas la seule à motiver la loi nouvelle :

M. Thévenet, rapporteur au Sénat, fit surtout envisager les graves difficultés auxquelles prête la liquidation des sociétés civiles, les lenteurs et la complication de la procédure de contribution qu'elle comporte, l'inégalité de traitement des créanciers pour qui le paiement est pour ainsi dire le prix de la course.

La liquidation de la société du canal de Panama faisait toucher du doigt ces difficultés. Une loi du 1er juillet 1893 avait dû suspendre toutes les actions individuelles des créanciers et des obligataires, et toutes procédures d'exécution et de conservation, même celles alors en cours : elle organisait la représentation des obligataires par un mandataire, et imposait aux intéressés, à peine de forclusion, l'obligation de produire leurs titres dans les six mois de l'avis que leur adresserait le liquidateur, préalablement à toute répartition. C'est bien là, dans ses principales lignes, la faillite de la société, malgré son caractère civil. Le principe de la loi du 1er août était adopté le 1er juillet par le Parlement.

C'est une atteinte à tous les principes autrefois admis. Pour ce qui touche à notre sujet, étant donné le système suivi par la jurisprudence avant la nouvelle loi, nous ne pouvons que nous en féliciter : la responsabilité des administrateurs est enfin établie d'une façon normale. C'est, en effet, pour avoir négligé des règles de forme que les administrateurs sont rendus responsables par les articles 13 et suivants et par l'article 42. Les Cours se refusaient à le reconnaître. Mais aujourd'hui la forme règle le fond, et, bien qu'on ne reconnaisse pas les vrais principes, on les applique. Nous ne saurions demander plus.

CHAPITRE III

Effets de la responsabilité des administrateurs. — Actions en responsabilité

PREMIÈRE SECTION

Exercice des actions en responsabilité

§ 1er. — Distinction entre l'action sociale et l'action individuelle

La loi de 1867 a fait disparaître une ancienne difficulté d'interprétation. Selon l'article 14 de la loi du 17 août 1856. « lorsque les actionnaires d'une société en commandite par actions avaient, comme demandeurs ou comme défendeurs, à soutenir un procès contre les gérants ou contre les membres du conseil de surveillance, ils devaient être représentés par des commissaires nommés soit en assemblée générale, s'ils devaient figurer au procès collectivement et dans un intérêt commun, soit par une assemblée composée des actionnaires intéressés si quelques-uns seulement étaient parties dans la contestation, soit par le tribunal de commerce, en cas d'obstacle à la nomination du commissaire par l'assemblée générale ou spéciale. »

Malgré cette nomination de commissaires, chaque actionnaire avait le droit d'intervenir dans l'instance, personnellement et à ses frais.

La jurisprudence autorisait, outre cette intervention, l'exercice d'une action personnelle. Selon elle, les dispositions de la loi n'avaient pour objet que la simplification des procédures.

Or, il y avait là sujet à discussion. Etait-ce bien l'intention du législateur, et la jurisprudence n'ajoutait-elle rien au texte ?

L'intention du législateur, nous la connaissons plus clairement aujourd'hui. L'article 17, écrit pour les sociétés en commandite par actions, mais étendu aux sociétés anonymes, décide « que les actionnaires représentant le vingtième au moins du capital social peuvent, dans un intérêt commun, charger, à leurs frais, un ou plusieurs mandataires de soutenir, tant en demandant qu'en défendant, une action contre le gérant ou les membres du conseil de surveillance, et de les représenter en justice, sans préjudice de l'action que chaque actionnaire peut intenter individuellement en son nom personnel ».

Il y a là par conséquent un système de représentation des actionnaires comme sous la loi de 1856. Mais de plus l'exercice d'une action personnelle leur est formellement réservé. La société a une action, mais chacun de ses membres en a une également. Il y a l'action sociale et il y a l'action individuelle.

Reste à savoir ce qu'est chacune d'elles. La loi n'en dit rien. La jurisprudence, avec beaucoup d'hésitation, s'est appliquée à faire cette distinction.

L'opinion la plus généralement admise est celle-ci, formulée très nettement par le tribunal de commerce

de Lyon, puis par la cour de cette même ville (1) :
« l'action est sociale lorsqu'elle résulte d'un préjudice
atteignant la société tout entière, c'est-à-dire tous les
sociétaires ou actionnaires ; l'action est individuelle
quand il s'agit d'un dommage particulier subi par un
ou plusieurs sociétaires, dommage qui n'atteint pas
l'universalité des sociétaires. » Il faudrait donc prendre pour base de la distinction le nombre des personnes atteintes par la faute des administrateurs :
action sociale, si tous les actionnaires en ont souffert ;
action individuelle dans le cas contraire.

Cette définition est-elle très juridique ? A-t-elle une
base très solide ?

Il doit y avoir mieux à faire, pour différencier la
nature de deux actions, que de rechercher le *nombre*
des personnes lésées par les faits qui donnent naissance à ces actions.

L'on a présenté par conséquent un autre criterium :
l'action sociale serait celle qui intéresse la société ou
l'ensemble de ses membres considéré dans leur *universalité*, c'est-à-dire comme être collectif ; « elle se
caractérise par l'unité de cause, de but et de résultat,
et tend à maintenir ou à reconstituer l'intégrité du
fonds social en vue de l'exploitation de ce fonds, puis
du partage qui doit en être opéré entre les associés ;
l'action individuelle serait au contraire celle qui, par
la diversité de sa cause, de son but et de ses effets,
intéresse distinctement et irrégulièrement un, plusieurs ou même la totalité des associés pris non plus
dans leur ensemble et comme être collectif, mais

---

(1) Lyon, 28 janvier 1893. (D. 92. 2. 33).

personnellement et séparément les uns des autres(1)».

Dans ce système les mots « action sociale » et « action individuelle » ont un sens plus exact. L'action sociale est assurément non pas celle qui appartient à tous les associés, mais celle qui appartient à la société même, comme telle, comme être collectif. L'action individuelle appartient à toute personne lésée, abstraction faite au besoin de sa qualité de membre de la société.

Mais qu'est cette action, dirigée contre les administrateurs, qui « tend à maintenir ou à reconstituer l'intégrité du fonds social? » N'est-ce pas l'action dirigée par la société contre ses mandataires tombés en faute? Et cette autre action qui « intéresse distinctement et irrégulièrement un ou plusieurs associés, mais personnellement et séparément les uns des autres », n'est-ce pas l'action qui appartient à tout individu lésé par la faute d'un autre, en dehors de toute idée de contrat?

Nous arrivons à une nouvelle doctrine, récemment exposée, et qui nous paraît être, par son fondement juridique, l'expression de la vérité.

L'administrateur est le mandataire de la société. Il peut violer son mandat de trois manières : en ne se conformant pas à l'article 1998 c. c., en ne se conformant pas aux règles spéciales de la loi de 1867, en ne se conformant pas aux statuts de la société. Le mandat des administrateurs est un mandat général d'administrer, précisé cependant en certains points par la loi sur les sociétés et par des règlements particuliers. En acceptant le contrat, l'administrateur entend s'y conformer ; s'il s'en écarte il commet une faute. Et qui

(1) DALLOZ. — Supp. au répert. Société, n° 542. Cf. VAVASSEUR. Traité des Sociétés civiles et commerciales, 1, n° 743.

peut s'en prendre à lui, dès lors? C'est l'autre partie au contrat, le mandant, c'est-à-dire la société. L'action de la société, l'action sociale, c'est l'*actio mandati*.

Et quand un particulier est-il lésé, *comme particulier*, par le fait des administrateurs? Si toute violation du contrat fait naître une action sociale, seuls les délits et les quasi-délits engendreront l'action individuelle.

« S'agit-il de mettre en jeu leur responsabilité contractuelle, d'exercer contre les administrateurs l'action de mandat née en la personne de l'être social, l'action est sociale, même quand elle est exercée isolément par un ou plusieurs associés. S'agit-il d'un fait de responsabilité délictuelle, l'action en responsabilité née de ce délit ou quasi-délit est une action individuelle, même dans le cas où le préjudice serait égal pour tous les actionnaires (1) ».

Nous ne parlons plus de faute préjudiciant à l'universalité de la société, ou seulement à chaque individu pris comme individu. Nous montons d'un degré dans notre recherche de l'origine de l'action. Les administrateurs violent ou non leur contrat. Leur faute est contractuelle ou délictuelle. Et voilà ce qui fait que l'action qu'on a contre eux est ou n'est pas sociale.

La jurisprudence ne semble pas avoir adopté ce principe. Et cependant elle en admet des conséquences qui seraient inexplicables sans lui. C'est ainsi qu'en un arrêt du 19 février 1897 (2), la Cour de Paris

---

(1) M. Pic. — Disserlat. sous l'arrêt de la Cour de Paris du 31 mai 1892 (D. 93. 2. 259).

(2) D. 98. 2. 153.

a décidé que « tandis que l'exercice de l'action personnelle d'un actionnaire contre les administrateurs
d'une société anonyme ne saurait être arrêté par une
fin de non-recevoir tirée des statuts, celui de l'action sociale peut être subordonné aux prescriptions
qu'ils renferment, toutes les fois que l'ordre public
n'est pas intéressé. » C'est qu'en effet les statuts sont
la règle du mandat, et que l'action sociale est l'action
du mandat aussi. Les statuts n'ont rien à voir au
contraire avec l'action individuelle, qui est l'action
de droit commun, appartenant en toute circonstance
à toute personne lésée par un délit ou un quasi-
délit.

D'ailleurs les deux actions peuvent coexister. Une
faute contractuelle vis-à-vis de la société peut constituer un délit à l'égard de chacun des associés pris
individuellement. Supposons une distribution de
dividendes fictifs faite en l'absence d'inventaire : c'est
au premier chef une faute de gestion, une violation
du mandat, et c'est en même temps un délit. Les deux
actions naîtraient ensemble.

§ 2. — DE L'ACTION SOCIALE

Maintenant comment s'exerce l'action sociale ? Elle
appartient à la société, nous l'avons vu ; mais un être
moral ne peut agir seul, il a besoin d'un représentant.

Dans les contestations entre les sociétés anonymes
et les tiers, la société est représentée par ses administrateurs. Elle se personnifie légalement en eux. Les
jugements qu'ils obtiennent profitent de plein droit à
la société ; réciproquement les jugements prononcés

contre eux sont obligatoires pour elle. Mais quand les contestations surgissent entre les actionnaires et les administrateurs, la chose n'est plus possible : l'on ne peut représenter son adversaire contre soi-même.

Écartons le cas où la société se trouve en liquidation. Nous ne suivons peut-être pas l'ordre le plus logique, mais à coup sûr le plus simple. Le liquidateur est un mandataire : il représente la société ; il réalise l'actif de celle-ci, éteint son passif, este en justice en son nom. Il exerce pour elle toutes les actions possibles, notamment les actions en responsabilité contre les anciens administrateurs. Du reste il n'est le mandataire que de la société anonyme ; il n'est rien pour les créanciers : ceux-ci ne forment une masse, une universalité juridique, qu'en cas de faillite, et agissent alors par le ministère d'un syndic. A la vérité la réciproque ne serait pas exacte : le liquidateur ne peut représenter les créanciers sociaux, mais le syndic peut faire valoir les droits des associés. Ne sont-ils pas des créanciers aussi ? Il faut noter que dans ces deux cas, — où la société se trouve représentée par son liquidateur ou le syndic de la faillite — sont à la fois les plus simples et les plus fréquents. C'est quand la société meurt d'une mort plus ou moins heureuse que se produisent les actions en responsabilité (1). Quand elle existe, en s'emploie plutôt à la faire vivre.

Et pourtant des actions en responsabilité peuvent être intentés au cours de l'existence de la société.

---

(1) La faillite n'entraîne pas de plein droit la dissolution de la société.— Mais comme elle amène en général sa ruine, on peut considérer qu'en général aussi elle est une des causes de sa disparition.

Que se passe-t-il ? Faisons une nouvelle distinction.

L'action peut être dirigée contre d'anciens administrateurs. Alors, exercée au nom de la société, elle est mise en mouvement par ses représentants actuels, c'est-à-dire par les administrateurs en fonctions.

Mais qu'arrive-t-il lorsqu'elle doit être dirigée contre des administrateurs restés en possession de leur mandat ? Supposons que la faute reprochée ne soit imputable qu'à quelques-uns d'entre eux : les autres membres du conseil d'administration pourraient-ils exercer l'action sociale au nom de la société contre leurs collègues ? On est unanime à rejeter cette solution. Le mandat des administrateurs ne va pas jusque-là. Il serait même absurde de voir un mandataire exercer l'action *mandati* ; car il y a dans ces mots quelque chose de contradictoire.

MM. Lyon-Caen et Renault disent ceci : « L'on ne concevrait pas que le droit d'agir en responsabilité appartînt à une autre personne qu'à celle-là même qui a, à la fois, le droit d'examiner les comptes du mandataire et le droit de le révoquer. Or, dans une société anonyme, il est bien certain que ces deux droits à l'égard des administrateurs appartiennent à l'assemblée générale seule. Une partie des administrateurs ne peut pas révoquer les autres ni leur donner décharge. Comment donc certains d'entre eux pourraient-ils actionner les autres en responsabilité ? (1).

_____

(1) Vᵒ. Cour de Rouen, 30 mars 1885. Voici les termes de la Cour : « Attendu que conformément aux principes généraux du droit, c'est au mandant qu'il appartient d'exercer l'action née du mandat ; que le mandant des administrateurs d'une société anonyme, c'est la collectivité des autres ; que, soit qu'ils aient été élus par l'assemblée générale, convoquée en

Il faut donc chercher ailleurs un représentant pour la société. L'article 17, déjà cité, nous le fournit : l'assemblée générale, dans notre hypothèse, nommera un mandataire *ad litem,* chargé d'exercer l'action en responsabilité.

Mais il y a pour les actionnaires d'autres manières encore d'obtenir satisfaction. Et ce que nous allons dire est général et s'applique à tous les cas : l'action sociale peut être intentée de deux manières : 1° au nom de la société ; 2° à titre particulier. La doctrine dit que l'on agit *ut universi* ou bien *ut singuli.* Les actionnaires ont donc le droit d'exercer individuellement l'action sociale.

Sur le sens de ces expressions techniques, signalons, avec M. Boistel (1), une transposition assez singulière. Les mots *ut singuli* se rapportaient jadis à

---

vertu de l'art. 25 de la loi de 1867, soit qu'ayant été désignés par les statuts, leur nomination ait été ratifiée par les actionnaires qui ont, en souscrivant, adhéré aux statuts, les administrateurs doivent être considérés comme ayant été en réalité nommés par les actionnaires ; qu'aux termes de l'art. 40 des statuts de la Banque rouennaise, c'est en effet l'assemblée générale qui nomme, sur la présentation du conseil d'administration, les administrateurs en remplacement de ceux dont les fonctions sont expirées ; que c'est à l'assemblée générale que les administrateurs doivent rendre compte de leur gestion ; que c'est l'assemblée générale qui entend, discute et, s'il y a lieu, approuve les comptes ; qu'il faut en conclure que c'est aux actionnaires seuls qu'appartient le droit de révoquer les administrateurs en cas de mauvaise gestion, ou de les décharger, en approuvant leurs comptes, des responsabilités qu'ils auraient encourues dans leur gestion ; que c'est, par voie de conséquence, aux actionnaires seuls qu'appartient l'action *ratione mandati,* et que c'est à eux de décider s'ils veulent ou non exercer contre les administrateurs l'action en responsabilité des fautes par eux commises dans leur gestion... »

(1) Note sous Dalloz (92. 2. 33).

9

l'exercice de l'action personnelle née d'un dommage particulier et pouvant ne pas être commun à tous les associés. L'action *ut universi* était ce que nous avons appelé l'action sociale, née d'une faute commise par les mandataires de la société, comme tels, comme mandataires, faute nuisible au mandant, c'est-à-dire à la société, c'est-à-dire nécessairement à tous les associés (1). Emploi de mots, dit M. Boistel, fort judicieux, tant au point de vue juridique qu'au point de vue grammatical. Mais plus récemment l'on a pris les mots *ut singuli* pour désigner l'action sociale, l'action commune exercée par un seul des actionnaires ou quelques-uns d'entre eux. Et l'action *ut universi*, c'est l'action sociale exercée par la société (2).

L'action sociale peut donc être exercée par d'autres personnes que la société. Comment cela ? L'on a soutenu, non sans apparence de raison, que cet exercice était impossible. L'on se fonde sur la maxime : nulle personne en France ne plaide par procureur. Par définition même l'action sociale appartient à la collectivité. L'actionnaire fait partie de cette collectivité, mais ne l'incarne pas tout entière. C'est à la personne morale qu'est fait le tort ; à elle seule d'en réclamer la réparation (3).

Ce dernier motif justifie au contraire notre théorie. Car ce n'est pas à la personne morale seule qu'est fait le tort, mais encore à chaque actionnaire. Et si les administrateurs se trouvent liés vis-à-vis de la société par un contrat de mandat, on ne peut nier qu'ils ne

---

(1) Note sous Dalloz (70. 2. 221).
(2) Paris, 30 juin 1883 (D. 85. 2. 18). Id. 6 mai 1885 (D. 86. 2. 27).
(3) Lyon-Caen et Renault. *Op. cit.* t. 2. nᵒ 827.

soient liés également par ce même contrat vis-à-vis
de chacun des sociétaires. C'est en son propre nom
que chacun d'eux agira. La maxime : « nul ne plaide
par procureur », sera donc respectée. Voici ce que dit
la Cour de Paris : « l'actionnaire possède, aux termes
des articles 1191 et 1192 du code civil, l'action *mandati* ou de mandat contre les administrateurs qu'il a
préposés à la gestion de la société ; il peut exercer cette
action de son chef propre en agissant *ut singuli* dans
son intérêt personnel et exclusif, sans empiéter sur
l'action sociale tendant au même but dans l'intérêt de
tous (1) ».

On dit encore, et c'est l'opinion de M. Labbé, que
par la conclusion même du pacte social, chacun a re-
noncé à opérer seul. « Les volontés particulières ont
consenti à se fondre dans une sorte de syndicat ; ce
régime de groupement ne saurait se prêter à l'action
de tirailleurs détachés. L'être juridique désigné sous
le nom de société est seul recevable à incriminer les
faits dont il a souffert ; les membres de l'association
doivent s'effacer, ils ne valent que par leur réunion
en masse compacte ».

Il n'y a là qu'une distinction spécieuse. « La personnalité morale de l'entreprise, répond M. Thaller (2),
n'est qu'une fiction qu'il ne convient pas de prendre
au pied de la lettre. S'il s'agissait d'une société civile,
qui plaiderait ? Non pas la société qui n'existe pas en
droit, mais seulement les associés, et l'action qu'ils
peuvent conduire ensemble, ils la peuvent intenter
aussi bien isolément. Or l'interposition d'une personne morale imprime-t-elle à la question un tour

(1) Paris, 30 juin 1883. J. cit.
(2) Note sous Dalloz. Paris, 6 juin 1885. (D. 86. 2. 25).

différent? La personnalité n'a pas été imaginée en vue de réduire les avantages invoqués par les actionnaires ou associés, mais plutôt à titre de faveur... Elle les dispense de plaider en leur nom propre... L'action *ut universi* n'est à tout prendre qu'une instance à laquelle tous concourent : libre à eux de renoncer au groupement. »

Donc, contre les administrateurs en fonctions comme contre les anciens administrateurs, il reste toujours aux membres de la société cette ressource, lorsque la société n'exerce pas elle-même son action, de la mettre en mouvement en leur propre nom.

En résumé, l'action sociale réside *ut universi*, pendant l'existence de la société, dans l'assemblée générale qui l'exerce par ses délégués, et après une déclaration de faillite ou une mise en liquidation dans la personne du syndic ou du liquidateur. Et elle est ouverte *ut singuli* aux actionnaires, à raison du préjudice que leur ont fait souffrir, comme membres de la société lésée, les mandataires chargés de la gestion et de la surveillance des opérations sociales.

Mais, exercée *ut universi* ou *ut singuli*, l'action sociale reste toujours l'action sociale. Elle ne change pas de nature. Pour être exercée par un individu, cette action ne devient pourtant pas individuelle. L'action que nous appelons « *individuelle* », en l'opposant à l'action « *sociale* », naît d'un quasi-délit. Celle dont nous parlons ici vient toujours à la suite d'une faute contractuelle.

De ce principe que l'action sociale ne change pas de nature, principe évident, il s'en suit que la société en reste toujours maîtresse. Elle peut en enlever l'exercice aux actionnaires, lesquels n'en sont investis qu'à son défaut.

Si donc la société, par ses représentants, met elle-même cette action en mouvement, le droit individuel des actionnaires disparaît. On ne saurait exercer deux fois la même action. La transaction, forme particulière d'exercice d'une action, éteint pareillement le droit des associés. Enfin une clause dans les statuts produit le même effet.

En d'autres termes, pour que les membres de la société soient recevables à intenter, *ut singuli*, l'action sociale, celle-ci doit exister encore, juridiquement, entre les mains des représentants légaux de la société. Il faut en outre que ceux-ci soient décidés à n'en pas faire usage. Ainsi l'ont déclaré plusieurs arrêts, avec toute apparence de raison. La Cour de Paris a jugé que l'actionnaire « est admis à agir contre les administrateurs de la société lorsque, au moment où son action a été introduite, l'intérêt social n'était plus sérieusement représenté ni défendu, par l'effet d'un décret de déchéance qui avait privé la société de la chose formant l'objet de l'entreprise, et l'avait réduite ainsi à une existence purement nominale (1). » Le même arrêt décide que « la recevabilité n'est pas davantage contestable lorsqu'après la dissolution de la société et la nomination d'un liquidateur judiciaire, ce liquidateur, sommé par l'actionnaire de déclarer s'il voulait intenter l'action sociale, a répondu « qu'il n'entendait pas faire obstacle à ce que l'actionnaire exerçât, comme c'était son droit, l'action sociale dans un intérêt personnel. »

Ainsi les sociétaires peuvent intenter l'action sociale tant que celle-ci existe encore aux mains de la société, et si la société n'entend pas l'exercer elle-même.

(1) Paris, 19 mai 1892. (D. 92. 2. 357).

Mais il ne suffit pas que l'action sociale soit encore ouverte pour que les associés puissent l'exercer *ut singuli*. Il faut encore qu'ils soient en possession des titres d'où résulte pour eux la situation d'actionnaires. L'aliénation de ces titres, même au cours de l'instance, les empêcherait de recevoir aucune satisfaction. Et cette règle a pour solide fondement la nature même de l'action sociale. En effet, elle n'est point basée sur un préjudice personnel, dont le demandeur aurait à se plaindre, mais sur le pouvoir de contrôle attaché à sa qualité d'associé.

Quelle est l'étendue de l'action sociale exercée *ut singuli?* Que peut-on demander et qu'obtient-on ?

Nous sommes en présence d'un grief social, non d'une cause de préjudice frappant distinctement et inégalement les associés. D'autre part l'action est exercée par un seul de ces associés. Ces deux points sont acquis, mais ils sont une source de difficultés.

Car l'action, comme sociale, devrait aboutir à la réparation du préjudice fait à la société. Mais un particulier peut-il, en son nom, demander quelque chose au delà de son intérêt propre ?·

La Cour de cassation (1) a décidé qu'un associé ne peut intenter cette action que « dans les limites de son propre intérêt ». Il a souffert personnellement un certain dommage, il ne peut qu'en demander la réparation.

Cependant alors, s'il agit en son nom, quelle est cette action qu'il exerce ? Est-ce une action individuelle ? Il n'en a pas dans l'hypothèse où nous nous sommes placés. C'est donc une action sociale. Oui,

---

(1) 9 juin 1874. (D. 76. 1. 387). — 3 mai 1893. (D.93 1. 449). — 6 août 1894. (D. 94. 1. 144).

dit-on, mais s'il est vrai que le fonds social tout entier a été atteint, l'associé qui a droit à une part dans ce fonds, n'a droit qu'à une part ; il ne peut que travailler dans la mesure de son possible à la reconstitution du fonds total. S'il détient une action sur mille, il ne peut obtenir condamnation que pour la millième partie du dommage ; et dès lors il ne perdra plus rien ; que chacun de ses coassociés en fasse autant : il n'y aura plus de brèche au capital social.

Nous contestons la valeur de ce raisonnement. Assurément l'associé doit contribuer dans la mesure de son possible à la reconstitution du fonds tout entier. C'est une règle absolue : tout associé doit tenir compte à ses coassociés des gains par lui réalisés dans la gestion des affaires sociales (1). Mais, en vertu de cette règle même, il faut rejeter l'une des conséquences du principe admis par la Cour de cassation : à savoir que la condamnation profite exclusivement à celui qui l'a obtenue. Cette condamnation est un gain, au contraire, pour la société. Le demandeur l'a eue en tant qu'associé investi d'un pouvoir de contrôle ; c'est en cette qualité qu'il a figuré dans l'instance, puisque c'est par elle qu'il a pu seulement exercer l'action sociale ; chaque associé promet toujours de donner, dans la mesure de son possible, tous ses soins aux intérêts sociaux ; la surveillance des gérants, la réclamation de dommages-intérêts font partie de ces soins. Et n'obtînt-il, comme on le disait tout à l'heure, que le millième de la somme due par les administrateurs, il devrait la verser dans la caisse sociale, puisque c'est en exerçant l'action sociale qu'il a réalisé ce profit (2).

(1) Art. 1847 du code civil.
(2) M. BOISTEL. Note sous Dalloz, 92. 2. 33.

Rappelons du reste l'article 1849 du codè civil :
« Lorsqu'un des associés a reçu sa part entière de
la créance commune et que le débiteur est devenu
depuis insolvable, cet associé est tenu de rapporter à
la masse commune ce qu'il a reçu, encore qu'il eût
spécialement donné quittance pour sa part. » Il s'en
suit que les intérêts de la société doivent être toujours
et d'abord sauvegardés. Ceux des particuliers ne viennent qu'après. Et si la part de chacun est fixée, et si
quelques-uns l'ont obtenue de leurs débiteurs par
leurs propres efforts, ces quelques-uns doivent en faire
profiter la société tout entière lorsque celle-ci n'a pas
d'autre moyen d'obtenir satisfaction.

Il y a plus encore. Dans les sociétés commerciales,
les associés ne peuvent être payés sur l'actif qu'après
les créanciers sociaux. C'est même pour sauvegarder
ce droit des créanciers que la personnalité morale de
la société survit à sa dissolution jusqu'à la fin de la
liquidation. Tout paiement est donc impossible au
seul profit de l'actionnaire qui a exercé l'action sociale
contre les administrateurs. C'est ce qu'ont montré le
tribunal de commerce et la Cour de Lyon en 1888
et en 1890 (1). Le jugement et l'arrêt ont déclaré que
le montant de la condamnation serait versé dans la
caisse de la société ; l'assemblée générale en dispose-
rait, et d'abord au profit des créanciers sociaux. »

Le montant des dommages-intérêts profite à la société. Dès lors, pourquoi les limiter à la réparation du
préjudice souffert par un seul des associés ? Ce n'est
pas, encore une fois, pour lui seul qu'il agit. C'est pour
la société, dont il doit faire passer les intérêts avant les

(1) Trib. de com. de Lyon, 31 janv. 1888. — Cour de Lyon,
28 janv. 1890. (D. 92. 2. 33).

siens propres, dont, selon l'article 1848 du code civil, il doit s'occuper de recouvrer les créances. Pour être logique il faut attribuer à l'action sociale son plein effet.

L'action sociale, qu'elle soit exercée *ut universi* ou bien *ut singuli*, doit toujours aboutir au même résultat.

Et cela n'apparaît-il pas à première vue ? Que serait-ce qu'une action *sociale* dont la mise en mouvement ne profiterait pas à la *société* ?

Les actionnaires de sociétés anonymes gagneraient à ce que ces principes fussent mieux connus. Dans nombre de sociétés une clause des statuts refuse à l'actionnaire la faculté de plaider ainsi seul, même à ses risques et périls. L'acte de société ne reconnaît l'action sociale qu'exercée à compte commun. Ailleurs, on oblige l'actionnaire à prendre l'avis préalable de l'assemblée générale. Cette limitation n'est assurément pas contraire à l'ordre public. Mais elle provient d'idées inexactes. On cherche, dit-on, à réfréner d'avance les réclamations turbulentes des actionnaires, on veut éviter la chicane, et même le chantage. Un associé, mécontent des administrateurs, pour des motifs qu'il ne pourrait peut-être avouer, prétend qu'ils remplissent mal leur mandat, et qu'ils commettent des fautes ; il leur réclame des dommages-intérêts. Ces dommages-intérêts, dans le système de la Cour de cassation, lui seraient versés en propres mains. Mais dans le nôtre, et c'est pourquoi la chicane n'est pas à craindre, au lieu d'être remis au demandeur, ils sont replacés en la caisse commune et servent d'abord à désintéresser, s'il y a lieu, les créanciers sociaux. En outre, ils sont d'une obtention plus malaisée ; une action par laquelle on demande des dommages-intérêts mille ou dix mille fois plus étendus est évidemment plus redoutable à exercer, on s'y engage moins à la légère, et moins encore lorsqu'on n'est pas sûr d'en tirer un profit direct.

Seulement il est des cas où il est à la fois nécessaire et légitime de l'intenter. Les obstacles mis par les statuts sont alors des plus gênants. S'ils refusent absolument l'exercice de l'action, il n'y a rien à faire. Mais l'autorisation de l'assemblée générale est difficile aussi à obtenir. Si l'assemblée ne juge pas à propos d'exercer l'action *ut universi* — par l'intermédiaire d'un commissaire nommé à cet effet — permettra-t-elle à l'un des associés de l'intenter *ut singuli* ? En agissant elle-même en justice, quels risques peut courir une société ? Ils sont pour ainsi dire insignifiants et les avantages qu'elle en peut retirer sont considérables : il lui est loisible de choisir pour la représenter un homme habile capable de mieux conduire ses affaires que le premier actionnaire venu. Cette question étant donc soulevée au sein de l'assemblée générale, et cette assemblée, circonvenue peut-être par les administrateurs, ne faisant pas intenter *ut universi* l'action sociale, il y a les plus grandes chances pour qu'elle n'en accorde pas l'exercice à l'un de ses membres *ut singuli*, peut-être au détriment de la généralité des actionnaires non présents à l'assemblée. Là est le danger de cette fausse réglementation.

Du mandataire ad litem.

1. *Sa nomination.* — Nous avons dit plus haut que l'action sociale est exercée par le liquidateur de la société, par le syndic, par les administrateurs en fonctions ; nous venons de voir qu'elle l'est par les

associés ; il nous reste à nous expliquer sur le mandataire *ad litem* dont nous avons parlé avec l'article 17
de la loi du 24 juillet 1867.

Nous connaissons la nécessité de ce mandataire.
Les administrateurs, qui sont les représentants natu-
rels de la société anonyme, ne peuvent agir en responsabilité contre eux-mêmes. Comment faire lorsqu'aucun des associés ne veut assumer la charge d'intenter
ut singuli l'action sociale ?

Sous l'empire du code de commerce il était admis
que les actionnaires avaient le droit de former entre
eux une société civile pour intenter, à frais communs
et sous une forme collective, les actions en responsabilité qu'ils pouvaient avoir contre les administrateurs. Mais comme la loi de 1856 avait régularisé
cette pratique pour les sociétés en commandite par
actions, la loi du 23 mai 1863 fit de même pour les
sociétés à responsabilité limitée : « Des associés représentant le vingtième au moins du capital social peuvent, dans un intérêt commun, charger à leurs frais
un ou plusieurs mandataires d'intenter une action
contre les administrateurs à raison de leur gestion ».
L'article 17 de la loi du 24 juillet 1867 confirma cette
disposition et l'étendit à toutes les sociétés anonymes.

Et maintenant quel est le droit d'un groupe d'actionnaires représentant moins du vingtième du capital
social ? S'ils ont un grief sérieux contre les administrateurs, seront-ils déchus du droit d'agir ? Non sans
doute. Il y a seulement un droit qui n'existe pas pour
eux, c'est celui de se faire représenter par des commissaires, celui d'user de l'exception apportée à la
maxime : nul ne plaide par procureur. Ils ne peuvent
pas avoir de mandataire, voilà tout. Mais le législateur
n'a pas voulu leur enlever le droit de faire valoir eux-

mêmes leur demande. Il leur reste le droit commun (1).

Même la jurisprudence admet que : « lorsqu'un certain nombre d'actionnaires dont les actions réunies forment le vingtième du fonds social, ont constitué un mandataire pour agir contre le conseil d'administration, un autre groupe d'actionnaires peut, bien que le montant de ses actions soit inférieur au vingtième, se faire représenter par le même mandataire. » Et en effet un minimum d'un vingtième suffit et, dans l'espèce, les deux groupes s'étaient fondus en un seul.

C'est l'intérêt social qui les fait agir, c'est l'action sociale qu'ils exercent. Il faut donc appliquer ici ce que l'on a dit de l'action exercée par un seul : le mandataire obtiendra la réparation de la totalité du préjudice dont a souffert la société, et c'est la caisse sociale qui recevra l'indemnité.

Que signifient alors ces mots : « sans préjudice de l'action que chaque associé peut intenter individuellement, en son nom personnel ? » Etaient-ils nécessaires ? Il est bien certain que l'exercice de l'action sociale n'empêche pas l'exercice de l'action individuelle, les deux actions n'étant pas basées sur les mêmes faits ; mais il est non moins certain qu'une même personne ne peut figurer dans deux procès parallèles ayant le même objet, par un mandataire collectif avec les autres associés d'une part, et d'autre part individuellement, en son propre nom. Le législateur a probablement voulu dire que l'union n'est pas obli-

---

(1) Conclusions de M. l'avocat général Hémar. Aff. Oudin. Paris, 19 avril 1875. (D. 75. 2. 161).

gatoire même si, selon les termes de l'article 17, il s'agit d'un *intérêt commun.*

L'intérêt commun pris dans le sens de l'article 17 n'est pas toujours l'intérêt social. Nous venons de dire que l'action sociale pouvait être ainsi exercée par le mandataire *ad litem.* Mais elle n'est pas seule à pouvoir l'être. La représentation collective s'applique parfaitement à l'action individuelle, à la seule condition que le dommage souffert vienne, pour toutes les personnes ainsi représentées, de la *même cause.* N'ont-elles pas un intérêt commun lorsque, par exemple, elles ont été déterminées à entrer dans la société par les mêmes manœuvres frauduleuses, par les mêmes rapports mensongers ? Il n'y a pour elles toutes qu'une preuve à fournir, elles ont fait toutes la même demande et cherchent le même résultat. Et cependant cet intérêt est distinct de l'intérêt social. D'ailleurs la jurisprudence a consacré cette manière de voir (1). L'avantage de l'union apparaît aussi clairement ici que pour l'exercice de l'action sociale : le but principal du législateur est une économie de frais (2).

Revenons à l'action sociale. On a soutenu que la

---

(1) Cass., 19 mars 1894. (D. 94. 1. 465).

(2) Du reste ce système de représentation n'est pas uniquement propre aux actions en responsabilité. Il s'applique aux autres contestations ; il s'applique, notamment, lorsque des actionnaires sont assignés par la société en exécution de leurs obligations judiciaires, par exemple au paiement de tout ou partie de leurs actions.

Il s'applique également aux demandes intentées entre groupes d'actionnaires, par exemple en remboursement de dividendes à l'un des groupes. La jurisprudence n'a pas été appelée à se prononcer sur ce point : mais on doit croire qu'elle se prononcerait pour l'affirmative. (Cf. LYON-CAEN et RENAULT, t. II, n° 831).

société ne pouvait se faire elle-même représenter par un mandataire *ad litem*. Elle a des représentants légaux : ceux-là doivent lui suffire. Et ce raisonnement paraît exact. Mais, dira-t-on, que faire dans le cas où les administrateurs contre qui l'on doit agir en responsabilité se trouvent encore en fonctions ? La réponse est que, si la société veut les poursuivre, elle doit user d'abord de son droit de révocation. Et si ce n'est pas la société qui agit, mais un groupe d'associés ou un associé seul, on rentre alors dans la règle : l'action est intentée *ut singuli* par un seul individu ou par un groupe d'individus représentés par un mandataire *ad litem*.

On peut supposer cependant que la société, pressée d'agir, n'ait pas le temps de procéder à la nomination de nouveaux administrateurs. Alors elle devra choisir un commissaire pour la représenter. La loi de 1856 prescrivait la nomination de ce commissaire par l'assemblée générale, convoquée par la partie la plus diligente, et cette nomination était faite à la majorité des suffrages. Elle revenait au tribunal de commerce si quelque obstacle empêchait la réunion de l'assemblée. Mais depuis la loi de 1867 il a perdu ce droit. Quant aux statuts, ils peuvent désigner à l'avance des mandataires ayant mission d'exercer toutes les actions qui pourraient surgir pendant la durée de la société. La nomination doit avoir lieu pour chaque contestation.

2. *Pouvoirs du mandataire* ad litem. — En droit, un tel mandataire peut bien faire figurer son nom à côté de celui de ses mandants, soit dans l'exploit introductif d'instance, soit dans les autres significations. Mais il ne substitue pas son nom au leur : nul en France ne plaide par procureur.

Suivant une opinion formulée par M. le conseiller Demangot (affaire Pereire, Cour de cassation, arrêt du 26 mars 1878) (1), le législateur de 1867 aurait maintenu rigoureusement ce principe. Les expressions « mandataires » et « représente, » dit-il, indiquent que le procès est soutenu au nom des actionnaires eux-mêmes.

Cette interprétation est contredite par les travaux préparatoires de la loi de 1856. On sait que celle de 1867 n'a fait que la reproduire. Or, l'exposé des motifs de la loi de 1856 atteste que le législateur a entendu formellement simplifier et diminuer les procédures. Il fallait donc apporter une exception à la prohibition de plaider par procureur.

Cela fut dit lors de la discussion de la loi de 1863, dont le texte est le même que celui de 1867. Un membre du Corps législatif, M. Millet, critique même cette disposition en disant en propres termes : « La rédaction de l'article semblerait indiquer que les administrateurs ne seraient pas en présence des associés, mais en présence de mandataires que les associés auraient, à leurs frais, chargés de poursuivre. Dans les règles ordinaires de la procédure, ce sont toujours les parties intéressées qui plaident, c'est à leur requête que l'on agit ; ce n'est jamais à la requête des mandataires. Ici, au contraire, on pourrait induire des termes de l'article que les mandataires auront qualité pour agir directement et en leur propre nom. » Ces paroles étaient précises ; si, dans l'interprétation des lois, on doit tenir compte de l'intention de leurs auteurs, la chose est assurément facile ici.

---

(1) (D. 78. 1. 303).

La cour suprême, cassant un arrêt d'Amiens, du
16 août 1886, a confirmé ce système. Elle en a tiré
cette conséquence que la décision qui a rejeté la demande des actionnaires doit être signifiée seulement
au mandataire chargé de les représenter en son nom
propre.

Les notifications faites aux actionnaires eux mêmes
devraient-elles être considérées comme irrégulières, et
par suite être entachées de nullité? Rigoureusement on
devrait admettre l'affirmative. Les actionnaires sont
étrangers à la procédure, ils n'ont pas qualité pour
figurer dans les actes qui s'y rattachent. Cependant,
en pratique, on décide qu'une telle notification n'est
pas nulle(1). Et les auteurs se prononcent dans le même
sens que la jurisprudence : « la nullité, dit M. Pont,
n'a pas été édictée par la loi, et, en l'absence d'une
disposition précise, la signification au mandant peut
être admise comme équivalant à celle qui aurait pu
être faite au mandataire ».

Quant au reste les pouvoirs des mandataires sont
déterminés par les principes généraux du mandat. Le
mandat spécial doit, en principe, être restreint dans
les limites qui lui ont été assignées ou par la loi ou
par le mandant; mais on admet universellement qu'il
comprend le droit de faire les actes qui, quoique non
exprimés, y sont virtuellement compris comme con-
séquents, antécédents et compléments (2). Ainsi le
mandat de faire rentrer une somme due, par tous les
moyens convenables, renferme celui d'agir par toutes
les voies de contrainte, même par saisie immobilière;

---

(1) Lyon, 10 novembre 1871. (D. 72. 1. 181).
(2) TROPLONG. *Mandat*, n° 319.

à plus forte raison il comprendra le droit d'inscrire l'hypothèque judiciaire, ce qui n'est qu'un pur acte d'administration. C'est ce qu'a décidé la Cour de Rennes en un arrêt du 14 mars 1892 (1). L'arrêt toutefois n'autorise pas la mainlevée de l'hypothèque. Et sa décision se comprend aisément : l'inscription est un acte conservatoire, la mainlevée constitue au contraire une sorte d'aliénation. Elle doit par conséquent, à l'instar du désistement de l'action, être interdite au mandataire *ad litem*, qui n'a pas qualité pour compromettre les droits de ses mandants.

On décide également que les mandataires qui ont obtenu gain de cause en première instance peuvent bien, sans nouveau mandat, défendre à l'appel ou au pourvoi en cassation. Mais s'ils avaient succombé devant les premiers juges, ils ne pourraient pas, sans un renouvellement de leurs pouvoirs, entraîner les actionnaires devant un deuxième degré de juridiction et les exposer aux suites d'une nouvelle instance : la même règle s'applique au pourvoi en cassation (2).

En les exposant de la sorte, ils courraient le risque d'être déclarés personnellement responsables. A vrai dire, et la question n'est plus ici tout à fait la même, leur responsabilité prononcée laisse entière celle des actionnaires. Des mandataires ayant imputé aux administrateurs des manœuvres dolosives afin d'obtenir le vote d'une assemblée générale, et leurs affirmations ayant été reconnues fausses, les mandataires et les mandants furent, par arrêt confirmé par la Cour de cassation, condamnés à des dommages-intérêts (3).

---

(1) D. 93. 2. 397.
(2) VAVASSEUR, n° 738.
(3) Cass., 15 janvier 1889. (D. 90. 1. 471).

§ 3. — ACTION INDIVIDUELLE

Article Iᵉʳ. — *Actionnaires*

Pour toute faute de gestion, nous croyons l'avoir fait comprendre, les associés ont l'action *mandati*, l'action sociale. Les administrateurs ont violé le contrat : selon le code civil ils doivent des dommages-intérêts.

Et quand cette faute de gestion se complique d'un délit pénal, ces mêmes associés ont, selon le droit commun, l'action de l'article 1382.

Cette action rentre dans la définition que nous avons donnée de l'action individuelle. Le délit serait une faute encore, alors même qu'aucune convention ne lierait les administrateurs aux actionnaires.

Est-ce bien le seul cas où les actionnaires se trouvent avoir en main une action individuelle contre les gérants de la société ? En de nombreux arrêts de jurisprudence il fut décidé que des manœuvres, même non délictueuses au point de vue pénal, accomplies dans le but de faire acheter ou souscrire des actions, donnent aux associés une action individuelle contre les auteurs de ces manœuvres. « Cette action, exercée en vertu de l'article 1382, à raison de fautes non contractuelles, a sa cause dans des faits dommageables, subis distinctement par chaque actionnaire, et tend à une condamnation qui doit lui bénéficier à l'exclusion de ses coassociés. »

Notre règle en est-elle infirmée ? Nous ne le pensons pas. A propos des actes frauduleux nous avons

déjà dit et montré qu'ils ne s'adressaient point à des
associés, mais à des tiers. Lorsqu'ils se produisent,
les personnes qui en ont souffert ne font point encore
partie de la société. Si plus tard, à l'époque où elles
exercent leur action en responsabilité, elles ont la
qualité d'associé, ce n'est pas en cette qualité tout au
moins qu'elles agissent. Et la raison est toujours la
même, c'est que les mandants n'ont, contre leurs
mandataires, que l'action de mandat à raison de leurs
fraudes.

La souscription suit l'acte délictueux qui en est la
cause. Quand le délit intervient, ces futurs associés ne
sont encore que des tiers.

Il y a délit correctionnel, nous le savons, lorsque
ces manœuvres consistent dans des simulations de
souscription ou de versement, dans de fausses publications de noms « et dans tous autres faits faux ».

Mais, hors les publications et les simulations, on
peut imaginer et on imagine quantité d'autres manières de tromper les souscripteurs. Le tribunal de la
Seine a déclaré que le seul fait, par les administrateurs
d'une société anonyme, d'avoir dissimulé les vices
de constitution de cette société pour amener des acqui-
sitions d'actions,« engendre au profit des acheteurs de
ces actions le droit d'agir contre eux en responsabilité,
pour leur propre compte, à l'exclusion du syndic de
la société tombée en faillite, sous l'unique condition de
justifier d'un dommage personnel (1) ».

Et en effet le préjudice est ici purement individuel.
Le syndic représentant les associés n'a que l'action
sociale, et s'il peut représenter les tiers, les créanciers

---

(1) Trib. Seine 22 déc. 1882 (D. 86. 2. 25).

de la société, c'est seulement lorsque ceux-ci justifient d'un dommage commun et collectif (1).

En ce qui concerne le préjudice individuel causé par l'acte délictueux, la Cour de Paris a fort justement décidé que si cet acte est de nature à causer un dommage personnel au demandeur, il suffit à lui seul : il n'est pas nécessaire de démontrer, pour le cas particulier, le caractère personnel de ce dommage. Preuve qui pourrait en certains cas ne rien prouver, par exemple si tous les associés avaient été amenés à souscrire ensemble, et en même temps, et par les mêmes manœuvres.

Il ne paraît pas que la jurisprudence des cours et des tribunaux ait jamais reconnu cette qualité de *tiers* aux *souscripteurs* d'actions. Aussi de nombreux arrêts sont intervenus pour dire que le droit à une indemnité survit au dessaisissement des titres(2). Cela est d'évidence pure. Peu importe même, tant que la prescription n'est pas intervenue, la date de ce dessaisissement, puisqu'encore une fois ce n'est pas en qualité d'associés que les souscripteurs lésés agissent. Mais la jurisprudence, qui semble ignorer ce principe, n'en méconnaît pourtant pas certaines conséquences logiques. Ainsi la Cour d'Angers a décidé que les créanciers sociaux ne peuvent se faire attribuer, par préférence aux actionnaires, les dommages-intérêts alloués à ces derniers en vertu de leur action individuelle(3). C'est avouer que les associés, quand ils exer-

---

(1) Paris, 20 mai 1879 (D. 80. 2. 42).

(2) Paris, 31 mai 1892 (D. 93. 2. 249).

(3) Alors d'ailleurs que les actionnaires se sont acquittés vis-à-vis des créanciers de toutes les obligations qui leur étaient imposées par la loi, et notamment ont intégralement versé leurs mises. (Angers, 19 mai 1891 (D. 92. 2. 81).

cent cette action individuelle, sont des tiers vis-à-vis de la société, comme les autres créanciers.

Article II.— *Créanciers sociaux.*

Les créanciers sociaux peuvent agir contre les administrateurs en vertu de l'article 42 de la loi de 1867 pour infraction aux conditions constitutives de la société. Nous savons ce qu'ils demandent ainsi : la réparation du préjudice à eux causé; et qu'ils obtiennent une condamnation solidaire.

En vertu du mandat légal qui lie les administrateurs envers le public, les créanciers peuvent aussi les poursuivre à raison de leurs fautes de gestion, et en vertu de l'article 1382, à raison de tous leurs agissements frauduleux, pourvu que dans l'un ou l'autre cas ces fautes et ces agissements leur aient porté préjudice.

Article III. — *Comment s'exerce l'action individuelle ?*

Nous savons quelles personnes sont chargées d'intenter l'action sociale au nom de la société même : liquidateurs, syndics, administrateurs en fonctions, mandataires *ad litem.*

Pour l'action individuelle elle est normalement exercée par son détenteur : il agit en son nom personnel.

Le liquidateur n'a pas en principe mandat d'agir dans l'intérêt des créanciers sociaux. Il ne représente que la société. Toutefois ces créanciers peuvent l'investir d'un mandat exprès. C'est le droit commun : rien ne s'oppose à ce que le liquidateur, parce qu'il est liquidateur, reçoive un tel mandat. Et la forme prati-

que sous laquelle il le reçoit est le concours des créanciers sociaux à sa nomination.

Toutefois il faut éviter une erreur : les créanciers de
la société en liquidation ne constituent pas, en l'absence de toute déclaration de faillite, une masse susceptible d'être représentée collectivement en justice.
Le liquidateur ne peut agir que comme mandataire
des créanciers considérés *ut singuli*, comme mandataire individuel de chacun des créanciers. Ceux-ci doivent figurer en leur propre nom dans les affaires qui
les intéressent ; en sorte que le liquidateur n'est pas
pour eux ce qu'il est pour les associés : ces derniers
constituent un être moral, les créanciers demeurent
de simples individus. C'est ce qu'a méconnu la Cour de
Rouen dans un arrêt du 1er avril 1881 : elle assimilait
la masse des créanciers aux associés pris *ut universi* (1).

Il en est autrement en cas de faillite. Selon la règle,
tous les créanciers sont dessaisis des *actions intéres-
sant la masse :* c'est au syndic à les exercer. Suivant
donc la nature des actions, suivant qu'elles intéressent ou non la masse, elles sont intentées par ce syndic ou par les créanciers individuellement. Les
actions nées de l'article 42 ont à l'égard de tous les
créanciers la même cause, elle les intéresse tous au
même degré : le syndic les exercera ; voilà pour la
responsabilité des administrateurs en cas de nullité
de la société. Pour les fautes de gestion, il faut donner
la même solution. Car que poursuivent alors les
créanciers, sinon la reconstitution du capital social
qui est leur gage commun ?

(1) Aff. Crédit industriel (D. 82. 2. 92).

On objecte ici qu'en vertu du mandat légal qui lie les administrateurs envers le public, les créanciers ont contre eux, *ut singuli*, une action individuelle. Les créanciers peuvent avoir en effet chacun une situation différente, le préjudice fait à chacun encore est essentiellement variable : comment les placer au même niveau ? Les fautes commises envers chaque individu varient, s'aggravent ou diminuent, suivant la valeur, la date de la créance ou du dépôt, les relations qu'ont eues ces individus avec les administrateurs de la société, ce qu'ils ont su personnellement de l'état où se trouvaient les affaires de la société.

La Cour de cassation a rejeté cette distinction (1). Quelle est en somme la cause du préjudice dont ont souffert les créanciers ? C'est la disparition de l'actif social, et ne les atteint-elle pas tous à la fois ? Il n'y a pas, — pour quelques-uns d'entre eux — « un préjudice particulier distinct du préjudice causé à la masse dont ils faisaient partie ». En leur accordant une action individuelle on les autoriserait à reconstituer partiellement à leur profit l'actif, le gage commun. Quelques-uns seulement obtiendraient réparation, alors que tous auraient souffert par une même cause. C'est manifestement impossible.

Il faut tirer de ceci des conséquences pratiques : si l'action en responsabilité intentée par le syndic est rejetée comme mal fondée par un jugement, les créanciers ne peuvent la reprendre en leur nom personnel. Elle est éteinte, pour avoir été exercée par la seule personne qui avait le droit de le faire ; mais en tous cas elle n'appartenait pas, n'avait jamais appartenu aux créanciers.

(1) Cass. 21 déc. 1875 (D. 77. 1. 17).

Il en est autrement de l'action dirigée contre le conseil d'administration pour ses agissements fraudu-leux, pour des publications de faits mensongers, sous l'influence desquels les créanciers ont été amenés à traiter avec la société, à souscrire des obligations par exemple. Cette action tend à la réparation d'un préju-dice tout particulier. Ce n'est pas la masse des créan-ciers considérés collectivement qui se trouve atteinte, mais chacun d'eux pris individuellement. Il faut dis-tinguer l'universalité de la totalité. L'universalité des personnes lésées comprendrait toutes les personnes qu'il est *possible* de léser. La totalité comprend toutes celles qui *de fait* ont été lésées. La totalité des créan-ciers peut être atteinte par ces manœuvres fraudu-leuses : l'action n'en reste pas moins attachée à cha-que individu : ils sont tous atteints, mais ils pou-vaient ne l'être pas tous : le préjudice demeure particulier. En l'hypothèse précédente au contraire, celle des fautes de gestion, l'universalité des associés est lésée : il n'est pas possible que l'un d'eux ne le soit pas.

Il ne s'agit plus de reconstituer le capital social, mais de réparer un tort particulier. La société peut n'en avoir pas souffert. Elle peut même en avoir mo-mentanément profité. La publication d'un bilan men-songer, masquant les pertes de la société, a induit des banquiers à ouvrir un crédit à une entreprise qu'ils croyaient prospère. Par ce dol, ni la société même, ni les créanciers antérieurs ne se trouvent atteints. Les banquiers seuls pourraient se plaindre. Et comment le syndic aurait-il qualité pour agir, lorsqu'il s'agit de droits concernant quelques créanciers seulement, lui, syndic, qui représente la masse commune ?

Au point de vue des résultats particulièrement,

l'intérêt est grand à faire ces distinctions. Une décision rendue sur une demande du syndic représentant la masse des créanciers a l'autorité de la chose jugée en effet à l'égard des tiers. Nous parlons des créanciers. Mais quand le syndic ou le liquidateur représentent les associés, il en est exactement de même. (Ceci est plus évident encore, puisque, lorsqu'ils représentent les associés, ils exercent l'action sociale, et qu'une action ne peut évidemment être intentée qu'une fois). (1).

Tous les créanciers, au contraire, pourraient successivement poursuivre les administrateurs après avoir été lésés par leurs manœuvres frauduleuses. Le rejet de la demande formée par l'un d'eux n'empêchera pas un accueil favorable à la demande d'un autre. Car ils ne se représentent pas mutuellement. Ils sont indépendants dans leur droit d'agir.

---

(1) Remarquons en passant que ce principe concorde parfaitement avec la solution — ou plutôt la solution avec le principe — que nous avons donnée, touchant ce que peut demander et obtenir un associé exerçant l'action sociale *ut singuli*. Si cet associé n'obtient pas l'entière reconstitution du capital social, la *même* action devra être intentée autant de fois qu'il y a d'associés. Mais c'est qu'alors chacun a la propriété de cette action (la propriété, non l'exercice), et comment peut-elle conserver dans ces conditions son titre d'action sociale ? Comment un *individu*, comment cent *individus* peuvent-ils posséder une action *sociale ?* — En notre système ils ne la possèdent pas ; mais un seul a le droit de *l'exercer une fois*, au nom et au profit de la société tout entière.

SECTION II

Extinction des actions en responsabilité.

§ 1er. — PRESCRIPTION.

Article Ier. — *Action de l'article 42.*

Quand les administrateurs n'ont-ils plus à redouter l'action que donne contre eux l'article 42 de la loi de 1867 aux actionnaires et aux tiers lésés par la nullité de la société ? Nous ne nous proposons pas d'étudier ici l'extinction de l'action par sa voie normale qui est la poursuite en justice et l'obtention d'un jugement définitif. Cette poursuite ressemble à toutes les autres poursuites. Mais quand elle n'est pas exercée, comment s'éteint cette action ?

Au sujet de la prescription, ou plutôt de la durée de celle-ci, une controverse s'était élevée sous l'empire de la loi de 1867.

On admet en doctrine et en jurisprudence que l'action civile résultant d'un fait qualifié par la loi pénale se prescrit par le même temps que l'action publique. Peu importe que les deux actions soient ou non conjointement intentées devant les juges de répression, ou séparément, devant les deux juridictions, criminelle et civile. Et même le demandeur alléguerait en vain qu'il a été la victime d'un quasi-délit si de l'ensemble des imputations il résulte que l'action est réellement fondée sur un délit (1).

D'où certains auteurs avaient conclu ceci : l'action en responsabilité contre les administrateurs naît de faits délictueux (articles 13 et 15 de la loi de 1867) ; elle donne ouverture à une action civile, elle donne ouverture aussi à une action pénale, et les deux actions qui naissent ensemble s'éteignent ensemble également. Elles sont l'une et l'autre soumises à la prescription triennale, selon la loi criminelle. Dans une société nouvellement constituée, l'on a, par exemple, remis à chaque souscripteur des titres définitifs, négociables, avant que les actions — dont la valeur est de cent francs — n'aient été libérées du quart. Il y a là un cas de nullité pour la société. Il y aura une action publique et il y aura une action civile.

Et l'on ne fait pas attention dans ce système que les deux actions n'ont pas la même base, que dans l'action publique on invoque le non-versement du quart, tandis que dans l'action privée l'on s'appuie sur la nullité de la société. Vis-à-vis des tiers comme à l'égard des actionnaires, de quoi sont responsables les administrateurs ? De la nullité de la société, mais non d'avoir laissé se commettre un délit.

Le législateur, par la rédaction du nouvel article 42, — rédaction interprétative de la loi de 1867 — a montré clairement sa pensée et pourquoi les administrateurs sont rendus responsables. Il parle du préjudice commis, et l'annulation de la société seule cause toujours un préjudice : les délits prévus par la loi de 1867, pris comme tels, si la nullité n'est pas demandée,

---

(1) Paris, 13 janvier 1882. (D. 83. 2. 73).

peuvent n'en pas produire. Ils sont, dit-on, la cause de la nullité. Cela est vrai. Mais en suivant ce système, ne devrait-on pas remonter à la cause encore du non-versement du quart ? Les effets et les causes se succèdent sans interruption.

L'action civile se base sur la nullité, l'action publique sur un fait délictueux distinct. Ces deux actions n'ont pas la même source. Il n'y a donc pas à leur appliquer une prescription commune. Car enfin dans quel but admet-on parfois cette commune prescription, sinon afin de ne pas laisser possible — pour un même fait — une poursuite devant une juridiction, alors que devant une autre juridiction, toute action est éteinte ? Or nos deux actions sont fondées sur *deux faits différents*.

Aussi la majorité des auteurs et des arrêts n'admettaient que la prescription trentenaire pour l'action en responsabilité de l'article 42. C'est le droit commun, et il a fallu pour le changer une disposition de la loi du 3 août 1893, laquelle porte, en son article 3 (1) que l'action en nullité se prescrit par dix ans. Et de là tout naturellement on conclut que l'action en responsabilité doit s'éteindre dans le même délai. Comment la faire survivre à une nullité désormais impossible à faire prononcer, quand cette nullité se trouve être la source même et la seule source de la responsabilité (2) ?

----

(1) Disposition additionnelle à l'article 8, écrite en vue des sociétés en commandite par actions, mais étendue par l'article 42 à la société anonyme.

(2) *Contra*, M. PERCEROU, *op. cit.*, p. 93. — M. Percerou admet la prescription de 30 ans. L'action en responsabilité survit donc à l'action en nullité ? Comment cela ? L'article 5 de la loi de 1893, complétant l'article 42 de la loi de 1867, ne dit-il pas que « les administrateurs sont responsables envers les tiers et

A la vérité, l'article 3 de la loi du 3 août 1893 permet bien de poursuivre les administrateurs en responsabilité alors que la nullité ne peut plus être demandée, mais en un cas tout particulier, nous en parlons plus loin : c'est lorsque la cause de nullité a cessé d'exister, *et en outre* que trois années ne se sont pas entièrement écoulées depuis le jour où la nullité a été *encourue*.

Cette disposition exceptionnelle et que nous apprécierons bientôt, enlève-t-elle à notre raisonnement sa valeur ? Admettons que le législateur de 1893 — mal inspiré — ait voulu créer une exception au principe fondamental qu'il n'y a pas d'action sans intérêt : il n'a pu détruire ce principe. Et si le principe subsiste, .ses conséquences demeurent aussi, celle-ci entre autres : que l'action en responsabilité fondée sur la nullité de la société ne peut pas survivre à l'action en nullité en dehors de cette hypothèse très particulière de la loi de 1893.

Avant cette loi l'on concluait à l'imprescriptibilité de l'action en nullité, car on la considérait comme d'ordre public (1). Un texte formel du législateur était nécessaire pour porter une atteinte à cette règle. Mais d'autre part cette atteinte était désirable : une incertitude planait toujours sur les sociétés les plus sérieuses. L'innovation de 1893 a été double : 1° par l'adoption

---

les actionnaires du dommage résultant de l'annulation » ? Dès lors, s'il n'y a pas d'annulation possible, — l'action en nullité se trouvant prescrite, — comment agir en responsabilité ? Comment réparer le préjudice causé par une annulation qui n'a pas eu lieu et qui ne peut plus avoir lieu ?

(1) Quelques auteurs admettaient cependant la prescription décennale de l'article 1304 du code civil ; d'autres la prescription trentenaire.

de la prescription de dix ans ; 2° par l'irrecevabilité de l'action en nullité quand la cause de nullité a cessé d'exister, c'est-à-dire en déclarant que la société viciée originairement peut devenir régulière.

C'est ici que s'est posée la question de savoir si la régularisation ainsi faite éteint l'action en responsabilité en même temps que celle en nullité. Une fois l'action en nullité éteinte, qu'est-ce qu'une action en responsabilité fondée sur la nullité de la société? Cette nullité ne peut plus être ni demandée, ni obtenue : où est le préjudice, le dommage, la lésion d'intérêt, base de toute action de ce genre? Assurément les faits qui engendrent la nullité de la société peuvent bien par eux-mêmes et sans que cette nullité soit prononcée, nuire aux membres de cette société, nous l'avons déjà montré. Mais l'action en responsabilité dont nous nous occupons ici, n'a point ces faits pour fondement, elle a pour fondement la nullité toute seule. Que reste-t-il alors? Le danger que les actionnaires ont couru tant que la nullité n'a pas été couverte? Est-ce suffisant? Et encore, lorsqu'on parle du préjudice causé par la nullité, l'on entend le préjudice causé par la nullité prononcée, non point par une nullité éventuelle. Mais on a voulu maintenir une sanction contre les négligences des administrateurs. Le rapporteur à la Chambre des députés, M. Clausel de Coussergues, a dit : « Il ne faut pas que ceux qui ont commis la faute de constituer une société nulle puissent, du jour au lendemain, par un acte habile de récipiscence, s'affranchir des conséquences de leur faute. » Comme il ne paraît guère logique d'un autre côté de faire survivre l'une des actions à l'autre, le législateur a trouvé un moyen terme qui concilie en apparence la logique et l'équité, — l'équité du moins telle que la comprend

M. le rapporteur à la Chambre, car nous concevons fort bien, quant à nous, qu'on ne punisse pas une faute civile réparée — : les administrateurs ne seront plus responsables désormais quand trois années se seront écoulées depuis le jour où la nullité a été encourue. Ce jour ne paraît pas être, comme on l'a dit, le jour où l'infraction est commise. Nous avons toujours admis, dans notre étude de l'article 42, que la nullité ne frappe la société que lorsqu'elle est constituée. Les irrégularités produites avant cette constitution définitive sont le germe seulement de la nullité. Parle-t-on d'annuler une société qui n'existe pas ?

Du jour donc où la société se trouve constituée court un délai de trois années, à l'expiration duquel l'action en responsabilité cesse d'être recevable si la cause de nullité a disparu. Si la régularisation arrive avant les trois ans écoulés, la poursuite reste possible jusqu'à l'achèvement de cette période. Là est le moyen terme dont nous parlions et qu'a trouvé le législateur de 1893 : un effacement hâtif du vice de constitution n'éteint pas la responsabilité des personnes à qui ce vice est imputable, ou du moins ne l'éteint pas sur le champ. Cette disposition, nous l'avons laissé entendre, ne nous paraît pas très conforme aux principes ; elle nous semble ensuite peu pratique, car si la nullité ne doit pas être prononcée, de quoi seront responsables les administrateurs ? Enfin elle n'encourage pas comme il conviendrait la régularisation des sociétés. La disparition de l'action civile ne laisserait pas d'ailleurs les coupables complètement indemnes, tout au moins chaque fois que l'irrégularité commise aurait un caractère délictueux : notre loi punit le délit réparé (1), et l'on peut exercer pendant trois ans l'ac-

---

(1) C'est peut-être une erreur de nos codes. Le code alle-

tion née du délit. C'est précisément le temps durant lequel on veut atteindre les administrateurs.

Tout ceci nous fournit une première réponse à la question posée plus haut : l'action en responsabilité s'éteint-elle autrement que par voie de prescription ? Elle peut s'éteindre par une régularisation : il en est ainsi chaque fois que la cause de nullité disparaît plus de trois ans après la constitution de la société.

Dans le cas contraire il faut attendre l'expiration du délai de trois ans. En somme le législateur de 1893 a consacré deux prescriptions : celle de dix ans pour les sociétés non régularisées, celle de trois ans pour les sociétés régularisées après coup (1).

Article II. — *Prescription des actions née des articles 44 de la loi de 1867 et 1382 du code civil.*

L'action en responsabilité de l'article 44 est soumise à la prescription trentenaire ; elle échappe à toutes autres prescriptions spéciales régies par le droit commun.

Quant à la prescription de trois ans, établie par les articles 637 et 638 du code d'instruction criminelle, elle n'est applicable aux actions civiles qu'autant qu'elles ont pour base unique et nécessaire un délit correctionnel ; elle ne peut être opposée pour un délit purement civil.

Celle de cinq ans, édictée par l'article 64 du code de commerce, concernant les anciens associés (les pro-

mand dit que l'auteur d'un incendie qui éteint cet incendie avant d'être connu ne sera pas puni.

(1) Pour les infractions antérieures à la promulgation de la loi, cette promulgation a servi de point de départ à la prescription triennale de l'action en responsabilité.

tégeant contre les actions auxquelles ils seraient expo-
sés à raison d'engagements sociaux dont ils sont tenus
contractuellement) ne s'applique pas aux administrateurs (1). En parlant d'actions contre les associés, le
législateur a voulu dire actions dirigées contre eux
en tant qu'associés.

§ 2. — QUITUS DONNÉ PAR L'ASSEMBLÉE GÉNÉRALE.

Il s'agit ici de l'extinction de l'action sociale, quand
elle naît de l'article 44 de la loi de 1867. Nous avons vu
en effet que les administrateurs responsables en vertu
de l'art. 42 sont obligatoirement responsables, qu'ils
ne peuvent être couverts par aucun acte, et qu'ils ne
peuvent invoquer pour se défendre qu'une erreur
invincible. Sauf ce cas exceptionnel, la société,
maîtresse de son action, peut y renoncer formellement:
c'est le *quitus*.

Pour ses très graves conséquences cette renonciation doit être présentée régulièrement : elle doit
émaner de l'assemblée générale, dans une délibération
conforme aux statuts. Du reste la décharge se présente de différentes manières, tacitement ou de façon
explicite. L'approbation des comptes où figurent
des opérations qui ne sont pas irréprochables entraîne
la renonciation à toute action ; et même ces opérations fautives, — telles que l'attribution de quelques
actions à des journalistes pour rémunérer leur concours — périodiquement renouvelées et périodiquement approuvées par l'assemblée générale annuelle,

---

(1) Trib. com. Seine, 20 mai 1882 *(Journal des trib. de commerce, 89, p. 70).*

pourraient être considérées, après un certain temps, comme autorisées pour l'avenir, sans qu'elles aient besoin désormais de la ratification ordinaire.

Cette ratification donnée, la société se trouve entièrement irrecevable à agir contre ses administrateurs. Il est inutile de dire qu'elle est inefficace lorsqu'elle est le résultat d'une erreur.

Insistons sur l'irrecevabilité de l'action sociale après le *quitus* donné par l'assemblée générale ; l'action sociale est éteinte complètement, si bien que, non seulement elle ne peut être exercée *ut universi* par les représentants légaux de la compagnie, mais que même elle est irrecevable quand elle est intentée *ut singuli* par un ou plusieurs actionnaires agissant individuellement. La société maîtresse de son action, avec faculté de l'exercer ou de l'éteindre, a pris ce deuxième parti. Par les moyens les plus détournés il est impossible de le faire revivre.

Nous avons dit que l'action sociale naît d'une simple faute de gestion, d'une violation des statuts ou d'une violation de la loi : elle naît en somme de l'inexécution du mandat donné par elle à ses administrateurs, mandat qui lie ceux-ci envers la collectivité des associés. Nous avons dit aussi que les dispositions de la loi sur les sociétés sont d'ordre public, en sorte qu'on ne peut impunément les violer, ni transiger sur leur violation. Le *quitus* ne peut donc porter que sur la faute de gestion et la violation des statuts.

Pour les fautes ordinaires, on admet que l'assemblée générale annuelle peut les couvrir.

Mais une controverse s'est élevée sur le point de savoir si la délibération transactionnelle entraîne l'extinction du droit des actionnaires quand il y a eu violation des statuts.

Les associés sont individuellement lésés par cette
inobservation des règles sociales, disent certains
auteurs. Les statuts sont la charte commune. Ne pas
les suivre constitue un délit : d'où naît une action
individuelle, basée sur l'article 1382 du code civil. On
fait abstraction ici de toute idée de mandat, il ne
s'agit pas d'action sociale ; la transaction intervenue
ne saurait atteindre l'action particulière de chaque
associé (1).

La jurisprudence distingue suivant le caractère de
la violation. Et cette distinction est fort exacte. S'agit-
il d'une simple inexécution du mandat pour avoir
été commise en violation des statuts, elle n'en reste
pas moins une pure faute contractuelle. L'action qui
en résulte est une action sociale dont l'assemblée générale a le droit de disposer. Si la faute commise
affecte au contraire les caractères d'un délit civil, les
associés conservent une action individuelle *ex delicto*,
action indépendante de l'action sociale, et qui n'est
pas susceptible d'être éteinte par une transaction
passée entre les administrateurs et la société.

Car si *toute* faute des administrateurs est *nécessairement* une faute contractuelle à l'égard des associés, elle *peut* être plus encore qu'une faute contractuelle et se présenter comme un véritable délit. Toute
faute de gestion est une violation du mandat. Mais ce
peut être encore une faute selon l'article 1382, un
quasi-délit ; ce peut être même un délit pénal. En ces
deux derniers cas l'action individuelle subsiste.

Mais une assemblée générale ordinaire ne peut
prendre une délibération renfermant une violation
des statuts ; c'est la différence qu'il y a entre le quitus

---

(1) Lyon-Caen et Renault, t. 2. n° 827.

donné pour une simple faute et celui dont il s'agit maintenant. Seule, une assemblée extraordinaire a ce pouvoir. Et c'est ici que nous paraît insuffisante la distinction, exacte en son principe, faite par la jurisprudence. L'action sociale appartient sans doute à la société. Mais l'assemblée générale est-elle bien la société ? Nous avons affaire à une fiction, ici encore. Autrement quel besoin d'inventer plusieurs espèces d'assemblées pourvues d'attributions différentes ? Le législateur a décidé pour plus de simplicité que le quart du capital social (assemblées annuelles) représenterait ordinairement la société, et qu'en certains cas particuliers il faudrait pour cette même représentation la moitié du capital social. C'est une sorte de présomption légale. Les associés réunis doivent *valoir*, selon l'expression américaine, tantôt le quart et tantôt la moitié de l'actif de la société. A ce prix, ils sont présumés *être* la société.

Or. quand il s'agit d'une modification aux statuts (ou d'une transaction, modification mitigée), les associés doivent être rassemblés extraordinairement. Il faut que la moitié du capital social soit là.

Sous le bénéfice de cette remarque, le système admis par la jurisprudence est entièrement conforme aux principes. En résumé l'action *sociale* naît de toute violation de mandat, et la société demeure toujours maîtresse de cette action.

§ 3. — TRANSACTION.

Au quitus se rattache la transaction, ou plutôt le quitus à la transaction même, dont il est une des formes. « La transaction est toute convention faite en vue d'éteindre ou de prévenir un procès ; les parties achètent la paix au prix de sacrifices réciproques. » Aux termes du code civil, c'est « un contrat par lequel les parties terminent une contestation à naître. » (Art. 2044, al. 1).

Elle suppose l'existence d'un droit litigieux et des concessions réciproques. Et elle remplace dans la pensée des parties le jugement qui serait intervenu si elles n'avaient pas pu parvenir à s'entendre : elle éteint la contestation, elle oblige les parties à accomplir les prestations auxquelles elles se sont soumises par la transaction, enfin, comme un jugement, elle ne fait que reconnaître et constater des droits.

Comme nous venons de le faire entendre, nous avons déjà étudié la transaction sous sa forme la plus fréquente : c'est le quitus donné par l'assemblée générale (1).

Et il ne nous reste, pour compléter la matière des transactions qu'à reprendre la distinction que nous n'avons étudiée qu'en partie.

De toute faute contractuelle commise par les administrateurs naît d'abord une action sociale dont seule, la société a le droit de disposer : nous savons comment.

Puis, de cette même faute naît parfois une action individuelle, lorsqu'elle est un délit en même temps qu'une violation du mandat donné aux administrateurs. Et les membres de la société peuvent, chacun

---

(1) Nous reconnaissons cependant qu'il y a une nuance entre le quitus et la transaction proprement dite. La transaction suppose l'action en responsabilité déjà mise en mouvement ; elle met fin à l'exercice de l'action, tandis que le quitus prévient cet exercice. Mais c'est la seule différence. On ne peut transiger sur l'action sociale que dans les formes et dans les conditions mêmes où le quitus peut être accordé.

pour leur compte, transiger avec les administrateurs, dans les formes ordinaires, réglées par le code civil. Toute action individuelle, quelle que soit son origine, est susceptible de s'éteindre ainsi par une transaction.

DEUXIÈME PARTIE

RESPONSABILITÉ PÉNALE DES ADMINISTRATEURS

———

CHAPITRE PREMIER

Fondement de leur responsabilité pénale

Un individu est responsable devant la loi pénale quand, après avoir violé quelqu'une de ses prescriptions, il s'est mis dans le cas de mériter et de subir une peine. La peine est l'instrument du droit pénal, « son essence est d'engendrer la crainte » (1) : elle est donc afflictive et exemplaire ; et comme on ne peut pas négliger le perfectionnement moral de l'homme, elle doit être, autant que possible, réformatrice. Mais, avant tout, la peine est un châtiment. Il s'agit de sauvegarder les grands intérêts publics : et l'on n'a rien trouvé de mieux encore pour assurer la paix et l'ordre général.

———

(1) M. BONNEVILLE, à son cours.

Or, nous avons déjà montré que le fonctionnement régulier des sociétés anonymes, qui forment souvent de puissantes compagnies, intéresse grandement l'ordre général et la paix publique. C'est pourquoi, non content d'avoir établi pour certains cas une responsabilité plus rigoureuse — telle la responsabilité solidaire et obligatoire de l'article 42 de la loi de 1867 — le législateur a voulu punir directement certains de leurs agissements qu'il a considérés comme plus nuisibles et plus dangereux : il a déclaré que ces agissements sont des délits, et dans ce mot délit, il a compris toute infraction, c'est-à-dire « tout fait contraire à un précepte posé par la loi pénale, commis par une personne moralement responsable sans qu'elle en ait le droit. » (1).

En somme, les administrateurs sont poursuivis non pour avoir porté préjudice à tel ou tel individu, actionnaire ou tiers étranger à la société anonyme, mais pour avoir porté atteinte à la loi pénale qui défend les intérêts généraux.

Le code de commerce n'établissait aucune pénalité spéciale : les administrateurs n'étaient responsables que de leurs délits de droit commun. Mais toutes les lois spéciales sur les sociétés anonymes ont réprimé d'une façon particulière certaines fraudes qui se reproduisent trop fréquemment, soit au moment de la constitution des sociétés, soit au cours de leur existence. Du reste le législateur, dans la loi organique de 1867, s'est inspiré dans une large mesure du principe de la liberté, n'y dérogeant, dit l'exposé des motifs, que « lorsque l'intérêt même du commerce ou de l'industrie en a démontré l'impérieuse nécessité, ou qu'elle a

---

(1) M. Bonneville. *Loc. cit.*

été commandée par le respect dû aux règles de la morale... »

Le droit commun subsiste à côté des dispositions nouvelles. Nous étudierons d'abord les délits qui, selon la loi de 1867, peuvent être commis soit lors de la constitution de la société, soit au cours même des opérations sociales, enfin quelles ressources le code pénal offre contre les administrateurs.

———————

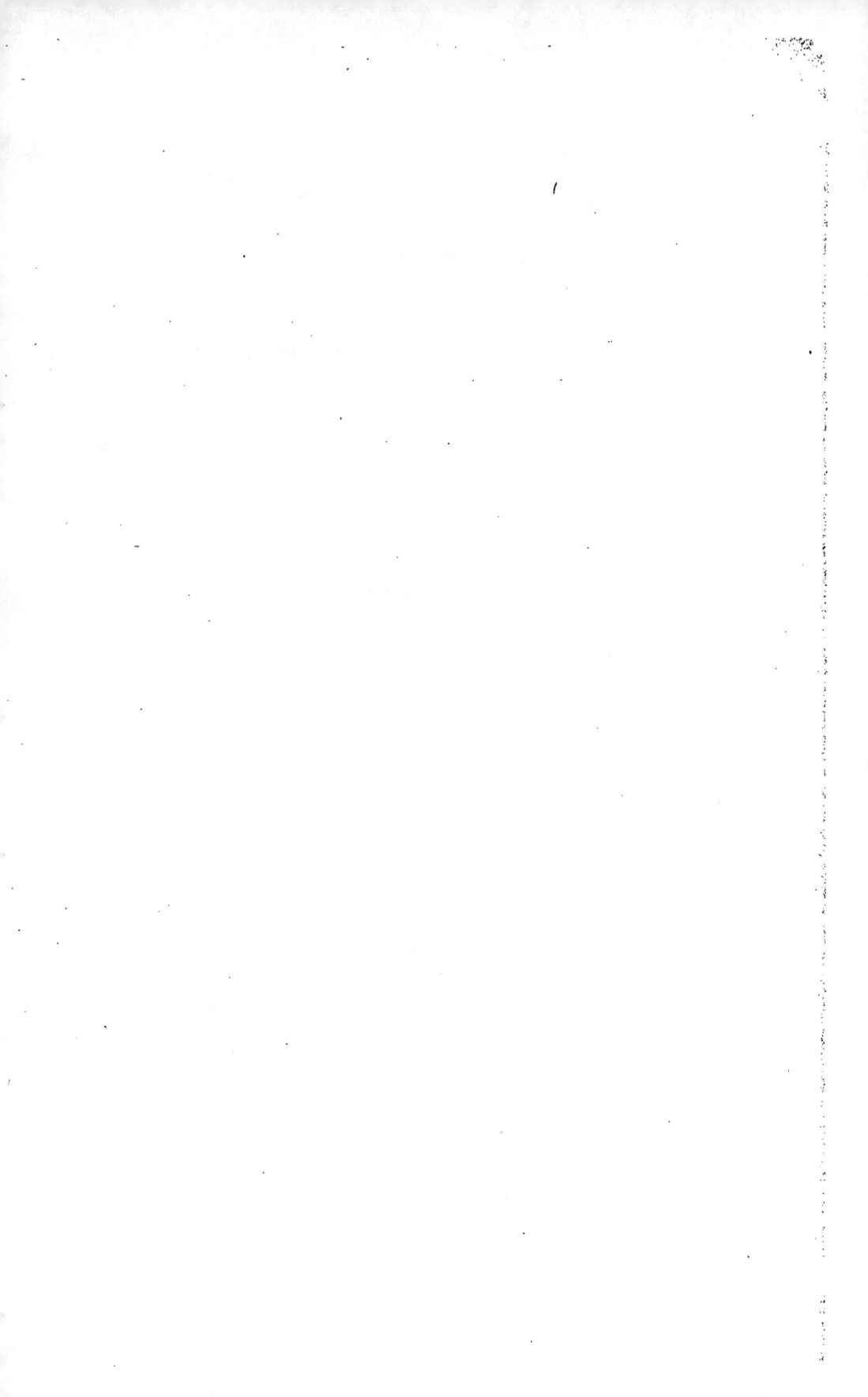

CHAPITRE II

Faits qui engendrent la responsabilité pénale des administrateurs

---

SECTION PREMIÈRE

A la naissance de la Société

§ 1er. — ÉMISSION D'ACTIONS D'UNE SOCIÉTÉ IRRÉGULIÈREMENT
CONSTITUÉE

Aux termes de l'article 13, § 1er de la loi de 1867, l'émission d'actions d'une société constituée contrairement aux prescriptions des articles 1, 2 et 3, est punie d'une amende de 500 à 10,000 fr. Il s'agit ici de l'inobservation des règles relatives au taux de l'action — taux fixé par la loi de 1867 à 100 fr. au moins quand le capital n'excédait pas 200,000 fr.; à 500 fr. dans le cas contraire, et réduit en 1893 à 25 et 100 fr. sous la même distinction. Il faut en outre une souscription intégrale du capital social, avec un versement entier pour les actions de 25 fr. et un versement du quart au moins pour les actions de plus de 100 fr. Pour les actions représentatives d'apports faits autrement qu'en numéraire, le versement doit être total. Ajoutons que, dans tous les cas, depuis 1893, les actions doivent rester nominatives jusqu'à leur entière libération. Les

administrateurs doivent veiller à l'observation de la
loi pour ce qui concerne le taux des actions souscrites, les versements à faire sur elles et la qualité d'actions nominatives qu'elles doivent garder jusqu'à une
certaine époque.

Et la délivrance aux souscripteurs d'actions qui ne
réunissent pas les conditions de valeur, de souscription, de versement, ou de forme ainsi prescrites, entraîne contre ses auteurs une amende de 500 à 10.000
francs. Peu importe, comme nous l'avons déjà dit,
que l'infraction soit réparée ; cette réparation n'a
d'effet que pour l'annulation de la société, et, jusqu'à
un certain point, pour la responsabilité civile. Pour la
responsabilité pénale, elle n'est d'aucune importance.

D'ailleurs une émission d'actions faite en vue de
l'augmentation du capital social entraînerait les
mêmes peines. Il n'y a pas de raison de ne pas assimi-
ler une telle augmentation à une souscription primi-
tive. Bien plus, une émission nouvelle et régulière les
entraînerait encore, ces mêmes peines, si, primitivement et originairement la société n'avait pas été constituée conformément à la loi, et si aucune régularisation n'était intervenue depuis. C'est du moins ce qu'a
décidé la Cour de cassation. Un conseil d'administration qui émettrait de nouvelles actions en de telles
conditions serait responsable au même titre que les
fondateurs et les premiers administrateurs de la société. N'étendrait-il pas en effet à de nouvelles personnes d'anciennes chances de préjudice ; et voilà précisément l'acte qui est considéré par la loi comme
délictueux ? Si l'action publique née de l'émission pri-
mitive était éteinte, le délit existerait encore ; il ne
disparaîtrait qu'avec l'irrégularité qui le produit.

La loi parle de l'émission d'actions d'une société

constituée contrairement à ses prescriptions. Que dire d'une émission faite avant la constitution de la société, c'est-à-dire avant l'acceptation des administrateurs nommés par l'assemblée générale ? La souscription, supposons-le, n'est pas intégralement faite, et, la société n'étant toujours pas constituée — des actions sont émises. Les auteurs de cette émission seront-ils frappés par l'article 13 ?

Le texte exact de la loi ne semble pas les atteindre. Il n'y est parlé que des sociétés constituées. Et nous sommes en matière pénale : *pœnalia sunt restringenda*. L'esprit de la loi cependant est manifestement contraire à son texte. L'émission dont nous parlons est plus dangereuse encore que celle faite dans les conditions prévues par le législateur. Elle laisse plus de place à l'agiotage. Elle peut induire les actionnaires en de plus graves erreurs. Ceux-ci croiront à l'exécution des prescriptions légales et en même temps à la constitution régulière de la société. Qui les avertirait du contraire ? Souvent en fait on indique sur les titres le jour de la constitution de la société. Mais cette mention n'est pas obligatoire, elle est souvent absente et peut en droit l'être toujours.

En somme le législateur de 1867 n'avait-il pas en vue l'hypothèse la plus fréquente ? Mais prétendait-il, pour autant, exclure les autres, fussent-elles plus dangereuses ? Non sans doute. Il n'est pas besoin de forcer beaucoup le texte pour atteindre les plus coupables d'entre les auteurs des émissions irrégulières : par les mots *sociétés constituées* n'a-t-on pas voulu parler des sociétés qui se constituent aussi bien que de celles dont la constitution est faite. Cette explication paraît-elle trop ingénieuse ? Mais si les subtilités plus ou moins adroites sont permises, n'est-ce pas plutôt lorsqu'on rentre dans les intentions du législateur que lorsqu'on s'en écarte, pour les côtoyer ?

Et nous n'admettons pas les distinctions qu'on a voulu faire entre l'inobservation des conditions constitutives, telles que le versement du quart, et celle des conditions non constitutives telle qu'une émission au-dessous du taux légal. Si, avant la constitution régulière de la société, les administrateurs violaient les premières de ces conditions, ils ne pourraient, dit-on, être poursuivis pénalement ; ils le seraient au contraire pour la violation des autres. L'article 13, lorsqu'il parle de sociétés constituées, ne vise, dit-on encore, que l'observation des formalités constitutives : l'expression *sociétés constituées* ne se rapporte en rien aux autres formalités : peu importe donc, quant à celles-ci, l'état où se trouve la société (1).

Et l'on aboutit à un résultat inique. Une irrégularité grave, assez grave pour entraîner la nullité de la société, ne sera pas punie, tandis que l'inobservation de règles moins importantes emportera pour ses auteurs une amende de 500 à 10,000 francs. Et l'on arrive à ce résultat par des distinctions qui sont tout au moins loin d'apparaître à première vue dans la loi, et qui mènent à d'injustes conséquences.

Entre toutes les personnes susceptibles d'être frappées par l'article 13, les administrateurs seront atteints plus souvent que les autres. Et d'abord si l'on n'admet pas comme nous l'application de cet article aux émissions qui précèdent la constitution de la société, l'on ne voit pas trop comment les fondateurs pourraient être touchés. Car, la société constituée, leur rôle cesse. En tous cas les conseils d'administration ont spéciale-

(1) Rubat du Mérac, *Délits relatifs aux sociétés par actions.*

ment à s'occuper des émissions et sont même seuls à le faire pour les émissions complémentaires au cours de la société.

Nous avons dit : toutes les personnes susceptibles d'être frappées par l'article 13. Quelles sont donc ces personnes ? Ce sont les fondateurs, les administrateurs et leurs complices. L'infraction dont nous nous occupons étant un délit, les règles de la complicité selon le code pénal doivent par conséquent lui être appliquées. Seront considérées comme complices les personnes qui auront sciemment préparé ou facilité ce délit. Tel un agent envoyé de Paris en province pour diriger une campagne financière, organiser et lancer une affaire, pourvu que, selon l'article 60 du code pénal, il l'ait fait « avec connaissance », c'est-à-dire qu'il n'ait pas ignoré les agissements et la mauvaise foi des auteurs de l'entreprise. L'émissaire d'une société s'étant entremis auprès d'un architecte pour obtenir un faux rapport sur la valeur de terrains acquis par cette société, ayant en outre publié des comptes rendus inexacts, fut considéré justement par la chambre criminelle de la Cour de cassation comme le complice des administrateurs et condamné comme tel, c'est-à-dire à l'amende, dont le juge peut graduer le taux entre 600 et 10,000 francs, suivant la part prise dans le délit par chacun des coupables. L'article 16 de la loi de 1867 autorise l'admission de circonstances atténuantes.

§ 2. — Négociation d'actions d'une société régulièrement constituée

Aux termes de l'article 14 de la loi de 1867 : « la négociation d'actions ou de coupons d'actions dont la valeur ou la forme devient contraire aux dispositions des articles 1, 2 et 3 de la présente loi, ou par lesquels le versement du quart n'aurait pas été effectué, est punie d'une amende de 500 à 10,000 francs. »

La *valeur* de ces actions d'abord doit être de 25 ou 100 francs au minimum, selon que le capital excède ou non 200,000 francs. Pour la *forme* ensuite, elles doivent être nominatives jusqu'à leur entière libération. Ici, de même que pour le délit précédent, la bonne foi de son auteur ne fait pas disparaître l'infraction (1). Ceci concorde d'ailleurs, en ce qui concerne les administrateurs, avec les règles de la responsabilité civile. Leur bonne foi n'empêche pas l'annulation de la société dont ils sont tenus envers les actionnaires et envers les tiers.

§ 3. — Publication de la valeur d'actions irrégulièrement émises

Ce même article 14, dans un second paragraphe, punit de la même peine la publication de la valeur d'actions irrégulièrement émises. Cette publication

---

(1) En voici le motif, d'après le rapporteur devant le Corps législatif : « L'ignorance des administrateurs n'est pas présumable, ils ont dû consulter la loi ». En d'autres termes, quand ils ont irrégulièrement constitué la société, ils ne doivent procéder ni à l'émission, ni à la négociation de titres.

accompagne une émission : il s'agit de faire coter à la Bourse les nouveaux titres. On voit que ce délit se présentera presque toujours en même temps qu'une émission irrégulière — émission qui, à elle seule, constitue le délit spécial dont nous nous sommes occupés déjà. L'un et l'autre sont de même nature d'ailleurs, délits contraventionnels pour lesquels l'intention n'est pas requise, mais qui, en tous autres points, suivent les règles des infractions punies des peines contraventionnelles, règles concernant la prescription, la complicité, la confusion des peines : « L'application de cette théorie sera même fréquente en la matière, car le plus souvent les fondateurs commettent simultanément les délits des articles 13 et 14 (1) ». Or les administrateurs chargés de la gestion ont, plus souvent encore que les fondateurs, à s'occuper soit de l'émission, soit de la publication de la valeur des actions.

§ 4. — PROVOCATION A DES SOUSCRIPTIONS D'ACTIONS OU A DES VERSEMENTS SUR LES ACTIONS

I. — Provocation par des simulations de souscriptions et de versements

Les souscriptions entraînent les souscriptions. Où le public est nombreux, le public se porte. On l'attire par des souscriptions fictives qui sont des provocations véritables. Ordinairement les fondateurs et les administrateurs n'en peuvent prendre la responsabilité nominale. Mais ils trouvent des tiers complaisants pour acheter des titres avec les fonds de la société.

---

(1) M. PERCEROU, *loc. cit.*

Celle-ci s'achète ainsi son propre papier : c'est peu pour augmenter son actif. C'est ainsi qu'au dernier moment, dans l'avoir apparent de l'*Union générale*, se trouvaient pour 85 millions des actions de l'*Union générale* elle-même. Les sociétés proches d'un désastre, pour soutenir les cours, spéculent sur leurs propres valeurs. Des achats répétés à la Bourse ramènent la confiance envers des titres tant demandés. Et le crédit revenu peut sauver la société d'une crise.

De tels agissements ne sont donc pas toujours sans utilité pour les actionnaires. Il importe, par conséquent, de préciser les cas où ils revêtent un caractère délictueux.

L'article 15 § 1 nous dit qu'ils sont punis lorsque leurs auteurs ont par eux « obtenu ou tenté d'obtenir des souscriptions ou des versements. » Il faut donc considérer non pas le résultat seulement, mais parfois encore le but des souscriptions, contrairement à une décision de la Cour de cassation, rendue le 23 juin 1883 (1). Il n'est pas nécessaire, aux termes de la loi, de *chercher* à obtenir des versements. Si la simulation de souscription aboutit à ce résultat d'amener d'autres souscriptions, le délit existe. Et d'autre part, l'intention délictueuse, c'est-à-dire la souscription faite *pour* en entraîner d'autres, même sans résultat obtenu, suffit pour qu'on soit dans les termes de l'article 15.

Faut-il ajouter que la mauvaise foi est nécessaire ? C'est le droit commun, et rien ne nous indique ici que, comme pour les délits voisins, elle ne soit pas exigée. Elle consiste « dans la conscience du caractère

---

(1) Aff. de l'Union générale. (D. 83. 1. 425).

fictif des souscriptions et versements. » L'auteur de la simulation doit savoir qu'il simule.

La simulation n'est donc pas un délit dans le cas suivant : lorsqu'elle n'est pas faite dans l'intention de pousser à l'achat des actions de la société *et* qu'elle n'a point pour malheureux résultat d'en faire acheter. La provocation frauduleuse des achats est un délit, non pas la simulation toute seule. Un conseil d'administration peut légitimement, par l'entremise de personnes de bonne volonté, faire hausser à la Bourse le cours des titres de la société, non point dans l'intention d'en vendre de nouveaux, mais pour soutenir, durant une crise passagère, à la fois leur valeur et le crédit de la société (1).

Ce § de l'article 15 était-il absolument nécessaire dans notre législation ? Il renvoie pour l'application de la peine à l'article 405 du code pénal : emprisonnement de un à cinq ans, accompagné d'une amende de 50 à 3,000 francs. — Or cet article 405, modifié par la loi du 13 mai 1863, punit d'une manière générale toute espèce de « manœuvres frauduleuses pour persuader l'existence de fausses entreprises, d'un pouvoir ou d'un crédit imaginaire... » C'est le délit d'escroquerie, et c'est aussi le délit que nous étudions. Cependant l'article 15 de la loi de 1867 est plus exact que l'article 405 du code pénal : il précise les cas où les manœuvres dont parle ce dernier sont considérées comme frauduleuses ; il exige qu'on ait « obtenu ou tenté d'obtenir des souscriptions ou versements. »

---

(1) *Revue des Sociétés*. 1883, p. 328 ; 1887, p. 537

II. — Provocation par des publications mensongères de noms et de tous autres faits faux

L'article 15 § 2 porte : « Ceux qui, pour provoquer des souscriptions ou des versements, ont, de mauvaise foi, publié les noms des personnes désignées, contrairement à la vérité, comme étant attachées à la société à un titre quelconque seront punis des peines de l'article 405 du code pénal » ; et le § 1er du même article punit de la même peine la publication de tous autres faits faux.

Il s'agit de la publication de faits inexacts. A cet égard les combinaisons délictueuses peuvent apparaître sous une infinité de formes. On annonce des immeubles libres quand ils sont grevés d'hypothèques ; on publie des rapports d'expert en supprimant les passages défavorables ; on répand dans le public des cotes de fantaisie pour assurer le succès d'une augmentation de capital, etc., etc. (1). La loi parle spécialement de noms publiés. On connaît ces prospectus de sociétés financières, où sont publiés et parfois étalés les noms des membres des conseils d'administration. En donner de faux entraîne l'application des peines de l'article 405 du code pénal.

Comme pour le délit précédent il faut ou avoir obtenu ou avoir cherché à obtenir des versements. Mais nous avons admis que la simulation peut n'être pas un délit quand elle n'est pas faite pour attirer des souscriptions et qu'elle n'en attire pas. En est-il de même pour la publication mensongère? La Cour de

(1) Paris, 12 mai 1881. (*Journal des Sociétés*, 1882, p. 265).

Paris a décidé que de simples allégations fausses peuvent ne pas constituer le délit ordinaire d'escroquerie (1). Il s'agissait d'une publication faite dans un journal par les administrateurs de la société, préconisant la hausse, passant sous silence des opérations de report faites par la société, et soutenant inexactement que le marché au comptant avait absorbé tous les titres. On était absolument en dehors des termes de l'article 15.

Ces deux paragraphes de l'article 15 sont appliqués par la jurisprudence aussi bien au cas où les faits incriminés ont entraîné la souscription d'obligations qu'au cas où elles ont servi frauduleusement à obtenir des souscriptions d'actions. A la vérité la loi n'en dit rien. C'est une solution d'équité qui devrait être une solution législative. Mais les auteurs qui s'en tiennent exactement aux textes ne l'admettent pas, tout en regrettant de ne pouvoir l'admettre. Les nécessités de la pratique souffrent mal de tels regrets. Le législateur n'a rien dit ; mais il faut agir : et l'on connaît sa pensée. Et l'on viole ainsi l'un des principes fondamentaux du droit criminel, *pœnalia non sunt extendenda*.

---

(1) Aff. du Crédit général français. Paris, 18 mars 1887. (D. 88. 2. 129).

SECTION II

**Délits relatifs à l'administration de la société
durant le cours des opérations sociales.**

§ 1er. — ABSENCE, SUR LES DOCUMENTS ÉMANÉS DE LA SOCIÉTÉ
D'INDICATION DE SA FORME ET DE SON CAPITAL

Aux termes de l'article 64 de la loi de 1867, « dans tous les actes, factures, annonces, publications et autres documents imprimés ou autographiés, émanés des sociétés anonymes, la dénomination sociale doit toujours être précédée ou suivie immédiatement de ces mots, écrits lisiblement et en toutes lettres : société anonyme, et de l'énonciation du montant du capital ; toute contravention aux conditions qui précèdent est punie d'une amende de 50 à 1,000 francs ».

Le but de cette disposition est de renseigner les tiers sur les garanties que peuvent leur fournir les sociétés avec lesquelles ils traitent : toutefois les administrateurs qui sont responsables de ces annonces et publications ne sont pas tenus d'y énoncer exactement la situation où se trouve la société anonyme à tel moment donné : il est certain que le capital social qui doit y figurer est le capital originaire fixé par les statuts.

Le législateur ne s'est occupé que des actes et documents destinés à une publicité : les mots imprimés ou autographiés qu'il emploie le montrent bien ; ainsi les lettres, et même tout acte manuscrit, sont dispensés de ces formes.

§ 2. — CRÉATION FRAUDULEUSE D'UNE MAJORITÉ FACTICE DANS L'ASSEMBLÉE GÉNÉRALE DES ACTIONNAIRES

Selon l'article 13, peuvent être punis d'une amende de 500 à 10,000 francs et d'un emprisonnement de quinze jours à six mois : 1° ceux qui, en se présentant comme propriétaires d'actions ou de coupons d'actions qui ne leur appartiennent pas, ont créé frauduleusement une majorité factice dans une assemblée générale, sans préjudice de tous dommages-intérêts, s'il y a lieu, envers la société ou envers les tiers ; 2° ceux qui ont remis les actions pour en faire un usage frauduleux.

Les assemblées générales ne peuvent être composées que d'actionnaires ou de représentants d'actionnaires : on sait que l'actionnaire est le propriétaire du titre. Quand une action appartient en nue-propriété à une personne et à une autre en usufruit, le droit de vote revient, sans difficulté, si le titre est au porteur, à la personne qui en a fait le dépôt, et s'il est nominatif au nu-propriétaire : le droit d'assister aux assemblées générales ne se rattache en rien en effet à la jouissance, c'est-à-dire au droit de percevoir les fruits, les produits de l'action. La personne qui a revendu ses actions à terme, opération de report, tant que le terme n'est pas arrivé, peut voter à l'assemblée générale.

En principe, tout actionnaire, ne possédât-il qu'une action, a le droit de faire partie de l'assemblée générale et doit y être convoqué. C'est ce qui a lieu quand les statuts ne contiennent aucune stipulation particulière sur ce point. Mais dans presque toutes les sociétés les

statuts limitent la représentation des actionnaires aux
assemblées générales, et ce droit est consacré par l'article 27 de la loi du 24 juillet 1867 : « les statuts déterminent le nombre d'actions qu'il est nécessaire
de posséder, soit à titre de propriétaire, soit à titre de
mandataire, pour être admis dans l'assemblée. »

Or, avant 1893, la jurisprudence interdisait aux
actionnaires de se grouper pour atteindre le minimum
d'actions dont les statuts exigent la représentation
aux assemblées. Mais l'article 4 de la loi de 1893 complétant l'article 27 que nous venons de rapporter
décide que « tous propriétaires d'un nombre d'actions
inférieur·à celui déterminé pour être admis dans l'assemblée pourront se réunir pour former le nombre
nécessaire et se faire représenter par l'un d'eux. »
C'est une hypothèse où le délit dont nous nous occupons ne peut plus exister maintenant.

Mais il en est une autre, analogue, où l'on applique
toujours l'article 13 : c'est une combinaison qui consiste, dit M. Rousseau (1), « lorsque les statuts
accordent à chaque actionnaire un nombre de voix
proportionnel au nombre de ses actions, à permettre
à la même personne d'avoir un nombre de voix supérieur à un certain chiffre. » Ce n'est pas le même cas
que précédemment ; précédemment il s'agissait, pour
de petits capitalistes, d'arriver à se faire représenter ;
il s'agit ici d'empêcher quelques gros actionnaires de
prétendre à des droits hors de proportion avec le
nombre de leurs actions, quelque soit ce nombre.

·Ces gros actionnaires qui tendent à augmenter le
nombre de leurs voix sont toujours sous l'influence
des administrateurs qui, seuls, ont intérêt à diriger les

(1) ROUSSEAU. *Sociétés par actions*, n° 1425.

assemblées générales comme ils dirigent les affaires de la société. Ils peuvent de la sorte arriver à cacher leurs agissements irréguliers, voire à les faire couvrir par un *quitus* de l'assemblée.

Mais il ne suffit pas, pour qu'il y ait délit, que les administrateurs aient ainsi frauduleusement augmenté le nombre de leurs voix ; il ne suffirait même pas qu'ils aient introduit dans l'assemblée des personnes à eux dévouées, mais pourvues de faux titres. Il faut encore que ces efforts aient abouti au déplacement de la majorité : il importe. selon le texte, que les faux actionnaires aient créé une majorité factice, c'est-à-dire que la manœuvre ait été couronnée de succès. L'intention frauduleuse est donc absolument nécessaire.

§ 3. — Distribution de dividendes fictifs

Les lois de 1856 et de 1863 considéraient déjà comme un délit la distribution de dividendes fictifs. C'est le délit le plus grave et le plus fréquent de tous ceux prévus par la loi sur les sociétés. On conçoit combien l'on doit être tenté de le commettre : la distribution des dividendes fictifs maintient et hausse le cours des actions, car le crédit de la société repose sur le revenu apparent de ses titres : les fondateurs peuvent ainsi se débarrasser à bon compte de leurs actions d'apport; on attire facilement de nouveaux actionnaires lorsqu'il s'agit d'augmenter le capital social; enfin les administrateurs qui veulent réaliser leurs actions les vendent aisément quand ils ont de la sorte élevé frauduleusement le cours de ces mêmes actions. Tant de raisons de commettre ce délit le rendent particulièrement dangereux. Aux termes de l'article 45 de la loi de 1867, les administrateurs qui, en l'absence d'inventaire ou au moyen d'un inventaire frauduleux, auront opéré des dividendes fictifs, seront punis des peines portées par l'article 405 du code pénal, c'est-à-dire de un an à cinq ans de prison et de 50 à 3,000 fr. d'amende.

Article Ier. — *Eléments du délit.*

Pour qu'il y ait délit il faut donc une distribution de dividendes fictifs, sans inventaire ou à la suite d'un inventaire frauduleux.

1.—*Absence d'inventaire ou inventaire inexact.* — L'article 9 du code de commerce oblige tout commerçant à faire « tous les ans un inventaire de ses effets mobiliers et immobiliers, et de ses dettes actives et passives. » Les sociétés y sont tenues comme les autres commerçants. Et c'est à la suite de cet inventaire, d'où ressort la situation de la société, qu'est opérée la distribution des dividendes, selon ses ressources. Il est donc rare que cette distribution se fasse en l'absence d'inventaire. Toutefois certaines sociétés ont l'habitude de payer des acomptes sur les dividendes, habitude parfaitement licite d'ailleurs. Et c'est après l'inventaire annuel seulement qu'on répartit le solde. Mais pour la remise des acomptes, un exposé général et sommaire des affaires de la société doit être produit devant l'assemblée des actionnaires, et si cet exposé n'est pas fait, on peut dire qu'incontestablement la distribution a lieu en l'absence d'inventaire. Tel est l'esprit de la loi : car « l'inventaire tel que le comprend l'art. 45 est tout compte rendu, tout état de situation, soit écrit, soit verbal, au moyen duquel le vote d'une assemblée d'actionnaires peut être surpris » (1), ce n'est point un acte spécial d'une forme sacramentelle et déterminée.

Quant à l'inexactitude de l'inventaire, c'est une pure question de fait. L'inventaire doit être un tableau de l'actif et du passif, mais pour les évaluations, la plus grande liberté est laissée par la loi aux commerçants. Ainsi le tribunal de la Seine a décidé que les apports ne doivent pas être portés à l'inventaire pour leur valeur d'estimation originaire, mais pour leur valeur actuelle et exacte. — Or, comment déterminer absolument cette valeur, et qui s'est trompé : ceux qui ont rédigé l'acte de société ou ceux qui présentent l'inventaire? Pour les marchandises, leur prix est déterminé par les mercuriales, et pour les titres cotés, par les cours de la Bourse. Mais il reste une source de contestations, c'est la dépréciation du matériel, elle peut être variable suivant les années. Et quant au prix des immeubles, il est impossible de ne pas tenir compte de la baisse ou de la hausse qui se produisent d'une manière générale.

Où cesse l'illusion et où commence la fraude, telle est la difficulté. Mais c'est une difficulté, ce sont des difficultés pratiques plutôt auxquelles nous ne pouvons nous arrêter ici : les juges du fait apprécient.

Ainsi n'y a-t-il pas lieu d'appliquer la loi pénale, suivant une décision de la Cour de Paris « quand sur 77 francs qui ont été distribués à chaque action, 70 sont justifiés, et que le surplus est explicable par des inexactitudes involontaires. Le délit disparaît d'ailleurs lorsque les bilans incriminés ont été accep-

---

(1) Paris, 19 mars 1883 (S. 83. 2. 97).

tés par les assemblées générales, après examen fait par des commissaires qu'elles ont désignés, et qu'il n'est nullement prouvé que la composition de ces assemblées ait été viciée, ni qu'aucune pratique ait été employée pour surprendre la religion soit des commissaires, soit des assemblées elles-mêmes (1).»

Il suit de cette décision que le délit de distribution de dividendes fictifs ne peut être retenu à la charge des administrateurs quand les majorations reconnues dans l'établissement des bilans s'expliquent autrement que par la mauvaise foi des administrateurs et paraissent provenir d'erreurs matérielles ou de fausses appréciations (2).

Et ceci nous fait connaître le deuxième élément du délit.

2. *La mauvaise foi.* — La simple négligence, la simple ignorance ne suffisent pas à constituer le délit. Il faut encore l'intention coupable ; les articles 15 et 45 ne se contentent pas d'inventaires inexacts, ils exigent, pour qu'il y ait délit, des inventaires frauduleux (3). On a même jugé que la responsabilité pénale des administrateurs se mesure, en cas d'omission grave dans l'inventaire, à l'intention dolosive.

3. *Fictivité des dividendes.* — Ceci est pour ainsi dire l'élément essentiel et constitutif du délit. Les dividendes réels, c'est-à-dire pris sur les bénéfices, sont irréprochables, même en l'absence d'inventaire, même avec un inventaire frauduleux. En outre la ré-

(1) Paris, 18 mars 1887. (*Gaz. Palais*, 87. 1. 395).
(2) *Pandectes françaises*, loc. cit., n° 690.
(3) Rousseau, *op. cit.*, n° 1468.

partition des dividendes fictifs doit non pas seulement avoir été préparée, mais opérée ; si cette distribution proposée à l'assemblée générale avait été rejetée par les actionnaires, le délit ne tomberait pas sous l'application de la loi (1).

Article II. — Personnes punissables.

Selon l'article 45 les personnes responsables de la répartition de dividendes fictifs sont les administrateurs qui ont opéré cette répartition. — Mais dans l'article 44 où il est aussi question des dividendes fictifs à propos de la responsabilité civile des administrateurs, le législateur a été plus compréhensif en disant : « ceux qui ont distribué ou laissé distribuer des dividendes fictifs ».

Faut-il conclure de cette différence « que les administrateurs qui auraient su et toléré que leurs collègues distribuassent des dividendes non acquis, soit en l'absence d'inventaire, soit au moyen d'inventaires frauduleux, pourraient prétendre qu'ils ne sont pas dans les termes de l'article 45 ? » (2).

Non, sans doute. Car la distribution de ces dividendes est l'œuvre de tout le conseil, et tous ceux qui en ont fait la proposition sont les coauteurs du délit ; il était inutile que l'article 45 répétât les termes de l'article 44. L'établissement de la situation financière de la société, des comptes, de l'inventaire enfin, est l'œuvre de tous les administrateurs. Nous l'avons établi pour la responsabilité civile : il n'y a pas de raison de ne pas appliquer ici les mêmes principes.

---

(1) Voir introduction, page 19.
(2) Sourdat. <i>Traité de la Responsabilité</i>, II, n° 1279.

Nous appliquerons au reste les mêmes exceptions : un administrateur régulièrement absent ou malade ne tombe assurément pas sous le coup de la loi. Il n'y a pas de délit sans intention. Le tribunal de la Seine a décidé pareillement qu' « il y a lieu de relaxer, du chef de la distribution de dividendes fictifs, les directeurs et administrateurs, bien que le caractère fictif des dividendes soit établi, lorsqu'ils ont agi de bonne foi. » (2). La bonne foi peut résulter de circonstances telles que la date récente de leur entrée en fonctions, ou le fait qu'ils se sont abstenus de réclamer ou de recevoir aucune rétribution (3).

SECTION III

Délit ordinaire d'escroquerie

Les administrateurs sont également responsables des délits de droit commun. Il n'était pas nécessaire de le dire, mais utile peut-être de le rappeler. Le texte le plus fréquemment employé pour les atteindre est l'article 405 du code pénal. Il s'agit du délit d'escroquerie. Par de graves et importantes affirmations l'on se « fait remettre ou délivrer des fonds », et le texte précise la manière dont se produisent ces affirmations.

Lorsque des faits ont été retenus contre un prévenu

---

(2) Trib. Seine, 26 juillet 1887. *(Revue des Sociétés*, 1887, p. 574).

(3) *Pandectes franç.*, loc. cit. n° 699.

comme constitutifs de l'un des délits spéciaux prévus et punis par la loi de 1865, ils ne peuvent plus être invoqués contre lui comme constitutifs du délit d'escroquerie. Ce serait, sous des qualifications différentes, punir deux fois les mêmes faits. Lors de la discussion de la loi de 1865, il avait été question d'ériger en délit le fait du rachat par le conseil d'administration des propres actions de la société avec une partie du capital social. Nous avons déjà parlé de cette opération. Et, selon la solution que nous avons donnée, l'on n'a pas poursuivi ce projet à cause de la difficulté de distinguer pratiquement les rachats d'actions qui sont des spéculations dangereuses pour les tiers et les sociétés, et ceux qui constituent des opérations normales et avantageuses, tels que les rachats opérés avec les disponibilités de la société.

Le projet de loi sur les sociétés par actions voté par le Sénat en 1884 contient tout un titre (art. 97 à 107) consacré aux dispositions pénales. Il constituerait une aggravation considérable du régime de la loi de 1867. D'une part il multiplie les délits spéciaux résultant d'infractions à la loi sur les sociétés par actions. D'autre part, dans beaucoup de cas, il ajoute à l'amende la peine de l'emprisonnement. Or ce n'est qu'un retour à un état de choses aboli précisément par le législateur de 1867. La loi de 1856 punissait de l'emprisonnement et de l'amende certaines infractions punies de l'amende seulement par loi de 1867. Multiplier les délits spéciaux, augmenter les peines, n'est-ce pas se faire illusion sur l'efficacité de la loi projetée? En préviendra-t-elle mieux ces entreprises malhonnêtes et trop fréquentes des faiseurs d'affaires? En vain voudra-t-on prévoir en détail toutes les fraudes et toutes les tromperies. Des hommes habiles sauront

toujours inventer des procédés non prévus par le
législateur.

Et le code pénal qui punit le vol, l'escroquerie,
l'abus de confiance, ne suffit-il pas à réprimer toutes
les atteintes à la propriété ? « Peut-être la réforme à
souhaiter n'est-elle pas à attendre du législateur qui
fait la loi, mais des tribunaux chargés de l'appliquer.
Leurs décisions en cette matière n'ont pas toujours
été dictées par l'unique souci de la justice absolue. Les
dangers que font courir à la fortune publique des financiers sans scrupules seraient plus efficacement con-
jurés si les parquets et les tribunaux chargés de les
poursuivre et de les condamner ne cherchaient que
dans leur conscience de magistrats indépendants les
motifs de leurs décisions (1) ». Ces paroles ont tout au
moins le mérite — si l'on ne veut encore leur en reconnaître d'autres — d'indiquer quel parti l'on pourrait tirer de l'article 405 du code pénal.

_____

(1) LABORI. *Répert. encyclop. Sociétés*, n° 723.

CHAPITRE III

Effets de la responsabilité pénale des administrateurs

SECTION PREMIÈRE

Exercice de l'action en responsabllité

L'action publique est mise en mouvement. Mais on suit ici de tous points le droit commun, nous n'avons rien de plus à dire. L'action publique est le moyen de poursuivre en justice la répression des infractions : elle est exercée par un corps de fonctionnaires remplissant en effet un ministère public...

L'article 15 de la loi de 1867 déclare l'article 463 du code pénal applicable à tous les délits spécialement commis par les administrateurs des sociétés anonymes. Voici comment cette disposition a été introduite dans la loi. Le § 2 de l'article 14 punit les tiers qui ont *participé* aux publications et négociations irrégulières d'actions. Lors de la discussion l'on objecta que c'était créer une présomption légale de fraude ou de complicité contre des personnes qui peuvent être parfaitement de bonne foi : « Qu'il en soit ainsi pour les fondateurs, gérants et administrateurs,

13

dit le rapporteur M. Mathieu, on le comprend, leur
ignorance n'est pas présumable, ils ont dù consulter
la loi, ils l'ont violée en connaissance de cause... Mais
des tiers, des intermédiaires sont placés dans une
condition différente, leur bonne foi doit se présumer...
Le gouvernement n'a pas consenti à modifier le projet
en ce sens, mais il n'a pas méconnu la vérité de nos
observations, et sans leur donner satisfaction en la
forme, il a substitué aux amendements de la commis-
sion une disposition nouvelle qui déclare l'article 463
du code pénal applicable aux faits prévus par les trois
articles qui précèdent. De cette façon les magistrats
pourront faire à la bonne foi sa part, et n'atteindre que
la fraude. »

SECTION II

Prescription de l'action pénale

L'action publique tendant à la répression des infractions que nous venons d'étudier se prescrit par *trois
années*. Ces infractions ont en effet le caractère de
véritables délits. Pour quatre d'entre elles à la vérité
(émission et négociation d'actions d'une société irrégulièrement constituée ; publication de la valeur d'actions irrégulièrement émises ; absence, sur les documents émanés de la société, d'indication de sa forme
et de son capital), la mauvaise foi n'est pas exigée :
c'est le pendant de la responsabilité civile obligatoire
de l'article 42 : c'est le délit contraventionnel, contravention sur ce point unique de la bonne ou mauvaise
foi, délit sur tous les autres points, particulièrement

quant à la durée de la prescription (art. 638 code instruct. crim.).

Cette prescription s'étend-elle à l'action civile née du délit ? Nous avons déjà répondu (chapitre III de la Ire partie). Par l'action civile la personne lésée demande réparation du préjudice qui lui a été causé. Or, pour éviter qu'à l'occasion d'un fait unique une poursuite puisse avoir lieu devant une juridiction, alors que devant une autre juridiction elle est devenue impossible, il est de règle que l'action civile se prescrive en même temps que l'action publique.

La règle sera donc la prescription de trois ans. Si le dommage causé par le délit n'est autre que la nullité de la société, la prescription est de dix ans, car l'action civile est alors l'action en responsabilité de l'article 42.

Mais s'il y a un dommage spécial, si l'on peut invoquer l'article 1382 du code civil, l'action que l'on aura, née du délit, s'éteindra avec l'action pénale qui vient aussi de ce délit, après trois années.

CONCLUSION

En somme, sauf la règle spéciale de l'article 42, les administrateurs de sociétés anonymes sont responsables soit envers les associés, soit à l'égard des tiers, selon le droit commun et selon le droit commun seulement.

La loi reste presque silencieuse. Mais les efforts de la jurisprudence ont mis de la lumière dans ses obscurités. Voici la grande règle : les administrateurs sont des mandataires : ils sont liés par un contrat envers les associés ; ils sont même, envers le public, tenus par une sorte de quasi-contrat (1). Car leurs fonctions sont à la fois importantes et redoutables : ils peuvent se trouver en relation avec la totalité des habitants d'un pays : ils s'engagent — tacitement — mais plus strictement que tous autres — à respecter les droits d'autrui. Et il serait dangereux de leur permettre d'adopter les principes philosophiques du

_____

(1) Cour de Rouen, 25 juillet 1887. (Journal *La Loi*, 4 août 1887).

docteur Pangloss, que « les malheurs particuliers
font le bien général, de sorte que plus il y a de
malheurs particuliers, plus tout est bien. » Les
malheurs qu'ils causeraient ne seraient peut-être pas
assez particuliers.

Faut-il pour autant souhaiter des sévérités exceptionnelles de la part du législateur ? Il n'est pas bon
d'être trop protégé. Il est en cela des limites raison-
nables. Qu'on surveille la fondation des sociétés, nulle
précaution mieux justifiée : là, nous le reconnaissons,
il y a des dangers spéciaux auxquels il faut parer
par des réglementations spéciales ; il vaut mieux prévenir les majorations d'apports et les agiotages des
syndicats d'émission qu'essayer de réparer les ruines
qu'ils amènent.

Nous comprenons même fort bien l'article 42 et les
articles 13 et suivants de la loi de 1867. Quand les administrateurs, par leur faute — par leur faute positive
ou par leur négligence, — ont causé la ruine de la société, leur responsabilité s'est trouvé alourdie. C'est
une peine qui les frappe pour la violation de règles
d'ordre public, les règles qui entourent la création des
sociétés anonymes. Ce n'est pas pour un plus grand
dommage porté, dans cette occasion, à leurs victimes,
qu'ils sont plus durement touchés ; c'est pour une
grave atteinte aux intérêts généraux par la constitution irrégulière d'une société anonyme (1).

---

(1) En Allemagne, en Autriche et en Hongrie, les administrateurs sont obligés solidairement pour toutes fautes de
gestion.

En Angleterre, au contraire, ils ne sont tenus indéfiniment
sur leurs biens propres qu'en vertu d'une clause spéciale de
l'acte de société qui leur doit être notifiée par écrit. (Loi du
20 août 1867, art 4).

Mais une fois constituées, qu'on laisse vivre les sociétés. Il importe à coup sûr de rendre les responsa-bilités effectives ; mais les responsabilités sont actuel-lement assez définies. On punit les fautes personnelles, les fraudes, les escroqueries, les faits délictueux, les faits de corruption, les négligences graves. Quoi de plus ? On a parlé de créer de nouveaux délits, avec de nouvelles peines ; de réduire les pouvoirs des admi-nistrateurs : « l'Etat devrait exercer sur les compa-gnies une sorte de tutelle, créer des commissaires et inspecteurs chargés de contrôler l'administration des sociétés. D'autres verraient volontiers l'Etat nommer lui-même les présidents ou gouverneurs des compa-gnies, donner une sorte d'investiture aux directeurs et administrateurs (1). »

M. Leroy-Beaulieu répond à ces prétentions qu'il expose : « Il ne faudrait pas que, sous prétexte de ré-former la loi sur les sociétés anonymes, on fît une loi sur les sociétés anonymes..... Tout excès de défiance et de sévérité tournerait contre les intérêts du pu-blic..... Mais si l'administration des sociétés devait entraîner, pour tous ceux qui y participent, des périls manifestes, hors de proportion avec les bénéfices qu'ils peuvent en retirer, sait-on quel serait le résultat de pareilles réformes ? Ce serait tout bonnement d'écar-ter des sociétés les hommes intelligents, les hommes probes, les hommes riches. Il ne resterait, pour briguer les fonctions d'administrateur ou de direc-teur des sociétés anonymes, que deux catégories de personnages, les fripons et les besogneux ..... Ici comme partout, les lois draconiennes tourneraient

_____

(1) Anatole LEROY-BEAULIEU, *Le Règne de l'argent*.

contre leur but..... Et quand on se rappelle le manque
de mesure des Chambres et leur peu de courage en
face des déclamations et des suspicions, on en vient
à se demander si l'on doit souhaiter du Parlement
une réforme législative (1) ».

Les administrateurs reçoivent un mandat général
limité seulement par quelques dispositions de la loi
et les statuts propres de leurs société. Qu'on les laisse
libres d'agir dans leur cercle : assez de règlements
les entourent. Il y a dans l'arsenal des lois assez
d'armes contre les maladroits dangereux, les fraudeurs
et les malfaiteurs financiers : on peut assez punir
pour prévenir.

Les seules lois existantes suffisent. Mais qu'on
applique la loi toute entière. Qu'on donne à l'exercice
de l'action sociale toute son étendue ; que, selon les
principes absolus, les tribunaux permettent aux associés de réclamer, agissant *ut singuli*, l'intégralité du
capital disparu. Que l'on soit exigeant, s'il le faut, en
l'appréciation des fautes ; et que la jurisprudence
hésite moins souvent à appliquer l'article 405 du code
pénal.

La loi du 1er août 1893, déclarant commerciales les
anciennes sociétés civiles anonymes, a rendu de
grands services. Venue plus tôt, elle n'eût certes pas
empêché la catastrophe du Panama, mais elle en eût
singulièrement facilité la liquidation. C'est la véritable voie : elle n'est pas dans la recherche de nouvelles sévérités, ni dans l'aggravation du Code pénal.

Nous avons assez de lois. Il n'y a qu'à s'en servir.

(1-2) Anatole LEROY-BEAULIEU, *Le Règne de l'argent*.

Comme dit le vieux Montaigne, « les advocats et juges trouvent à toutes causes assez de biais pour les accommoder où bon leur semble. »

Vu :

E. BAILLY.

Vu :

Le Doyen de la Faculté de Droit de l'Université de Dijon,

E. BAILLY.

Vu et permis d'imprimer,

Le Recteur,

Ch. ADAM,

Correspondant de l'Institut.

TABLE DES MATIÈRES

DIJON. — IMP. BARBIER-MARILIER

www.ingramcontent.com/pod-product-compliance
Lightning Source LLC
Chambersburg PA
CBHW070524200326
41519CB00013B/2920